LIBRO DA COLORARE UNICORNO

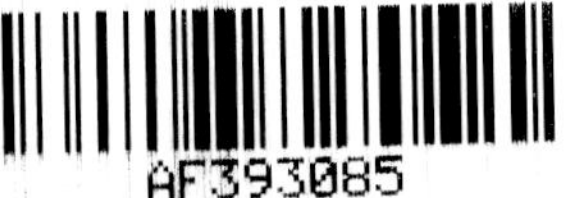

Questo libro da colorare appartiene a:

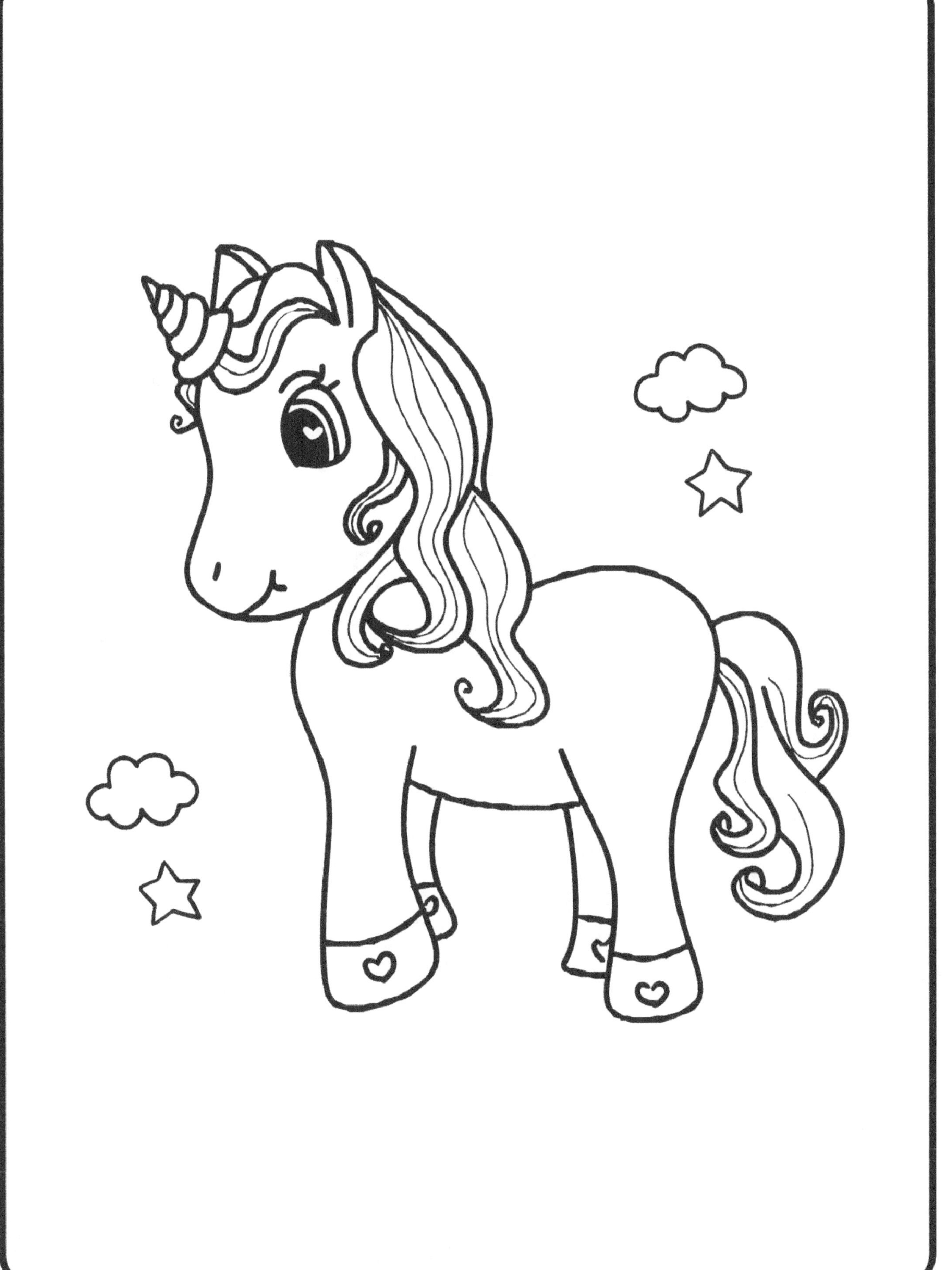

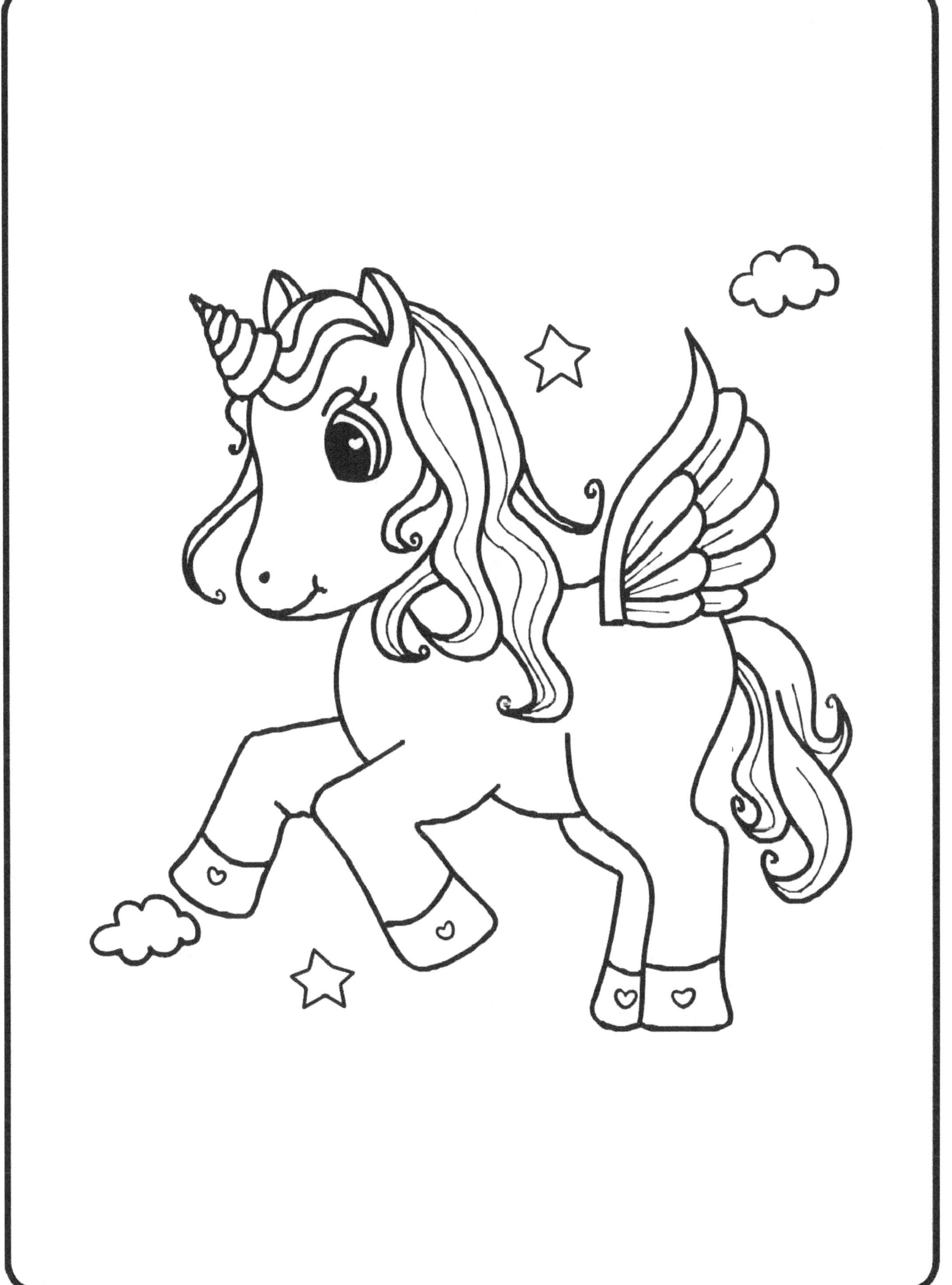

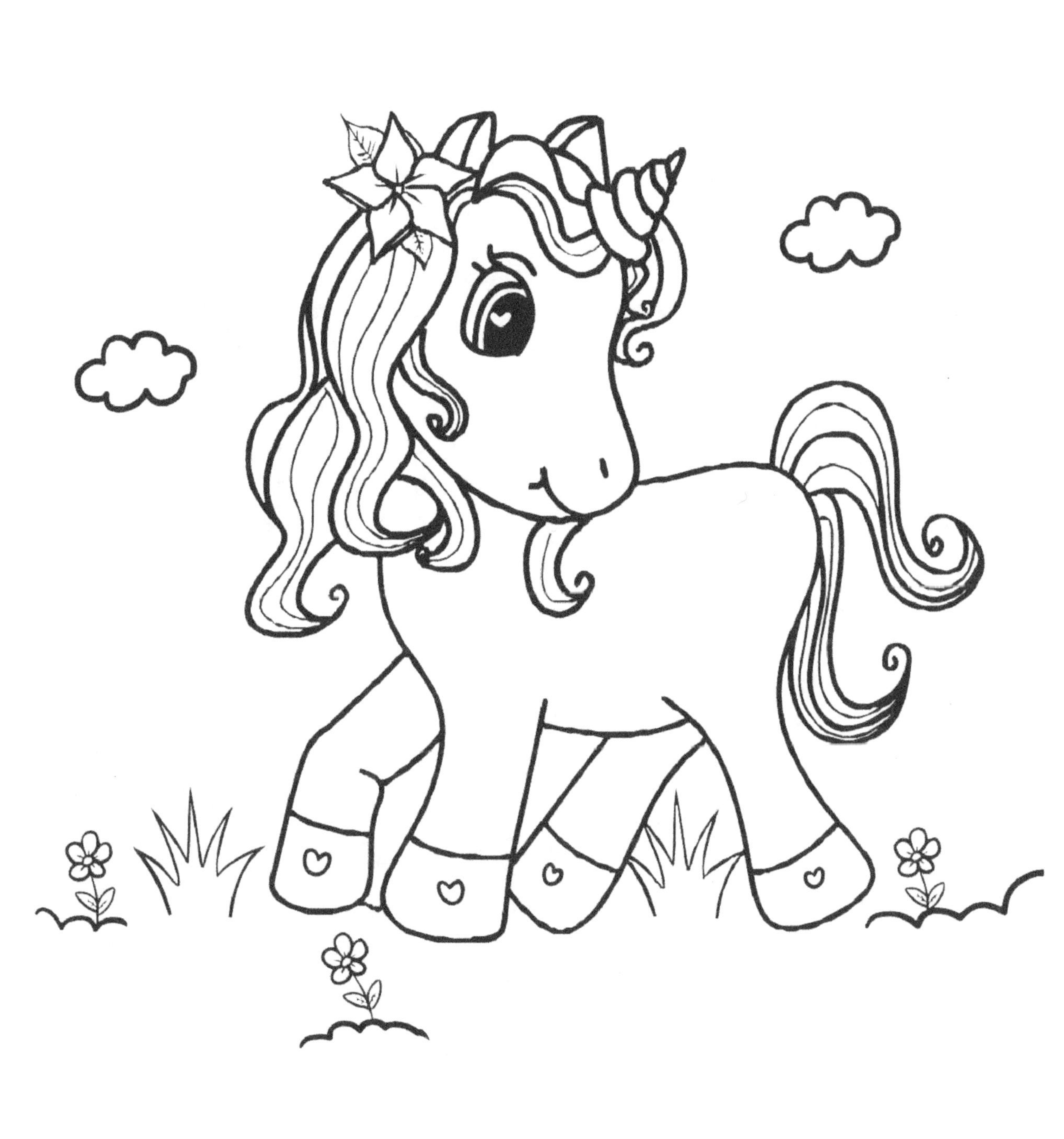

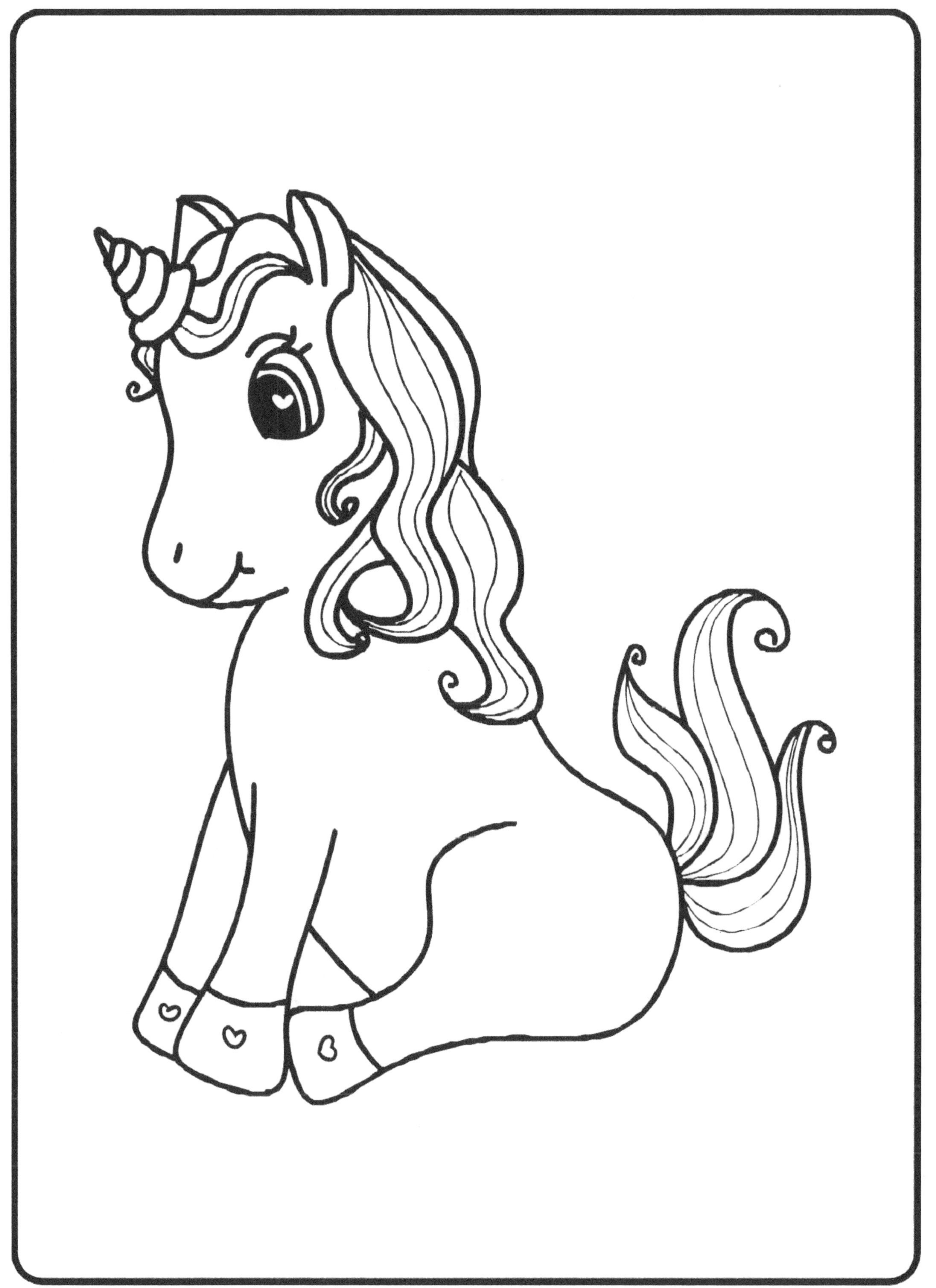

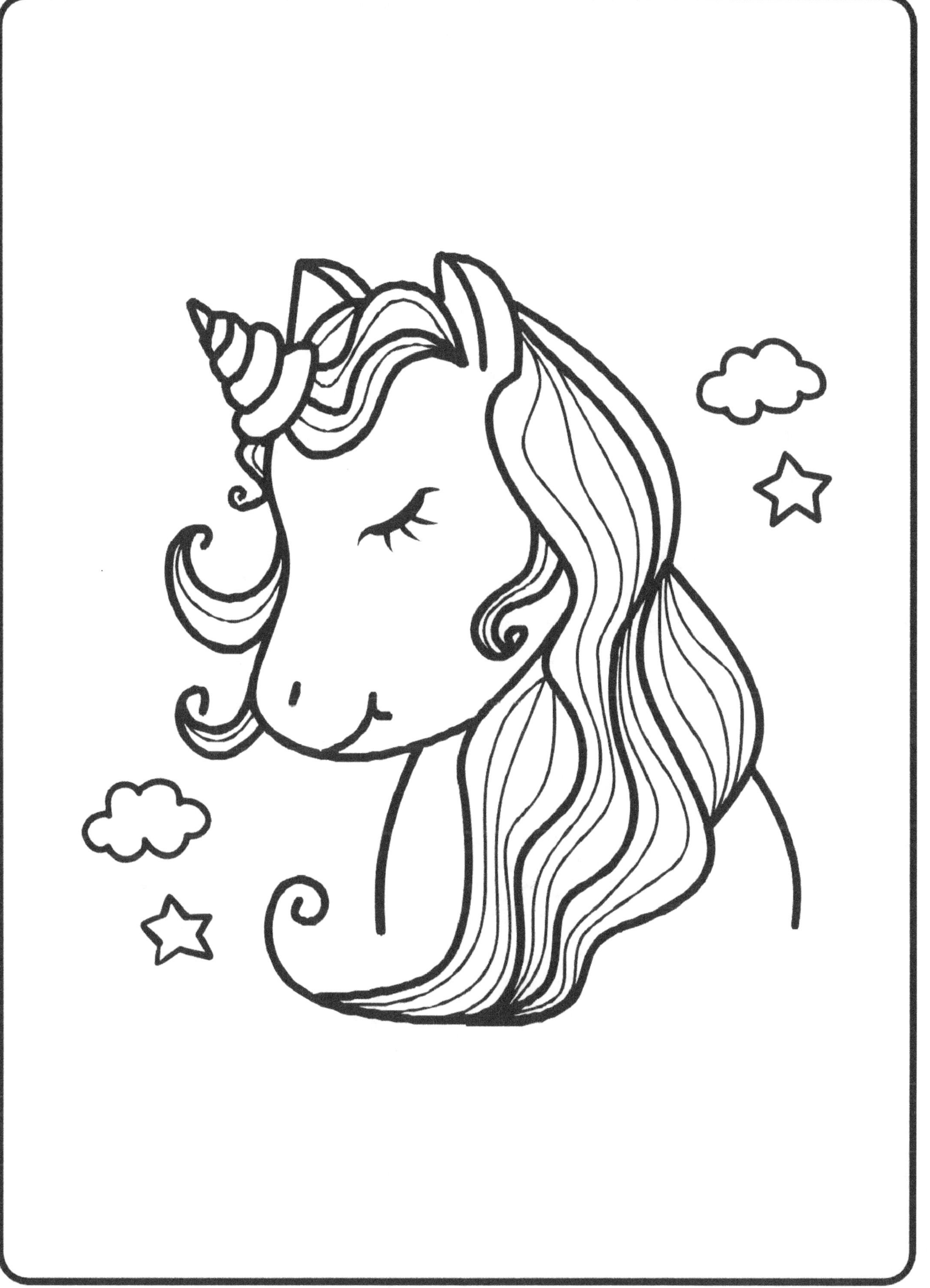

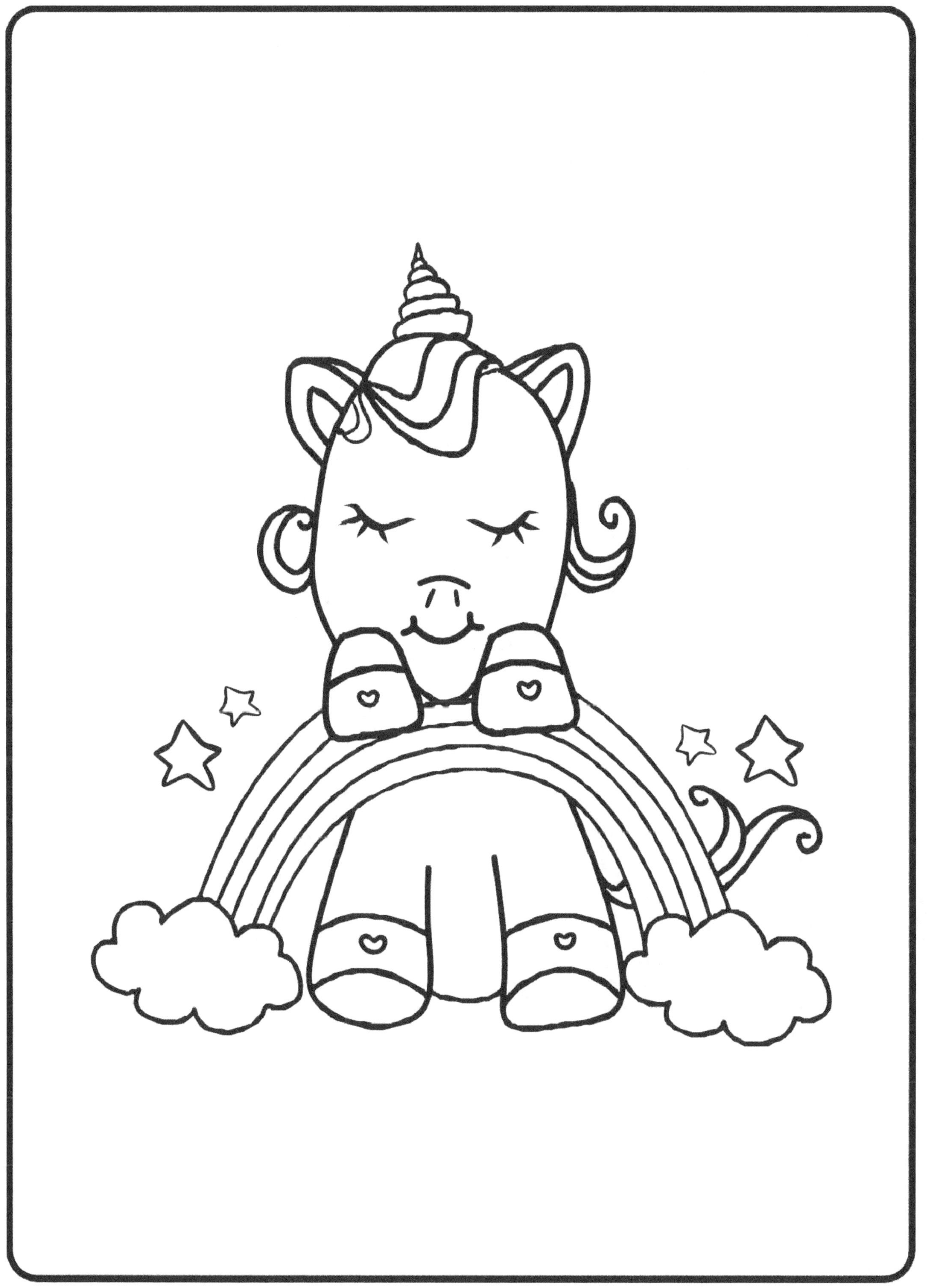

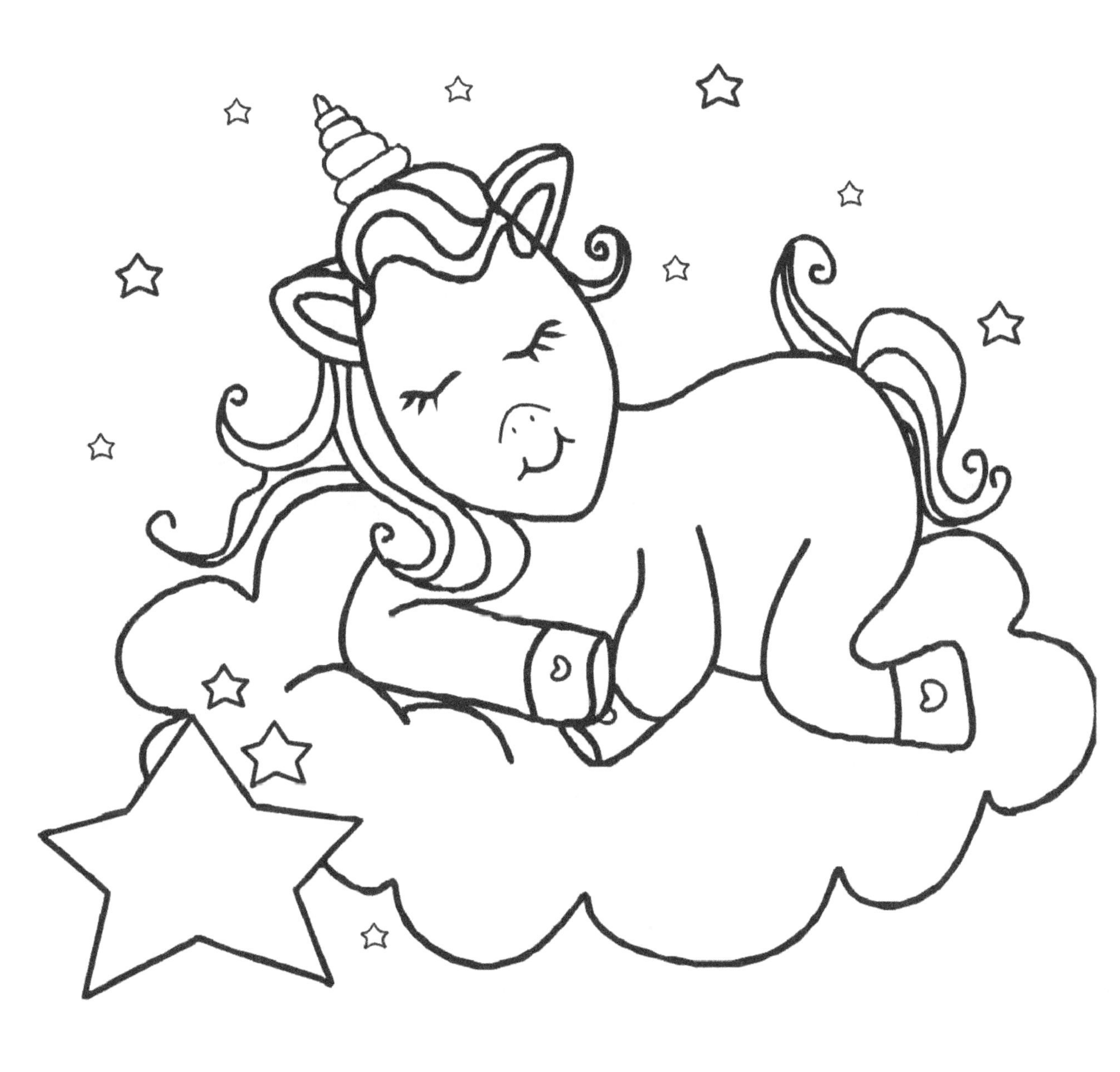

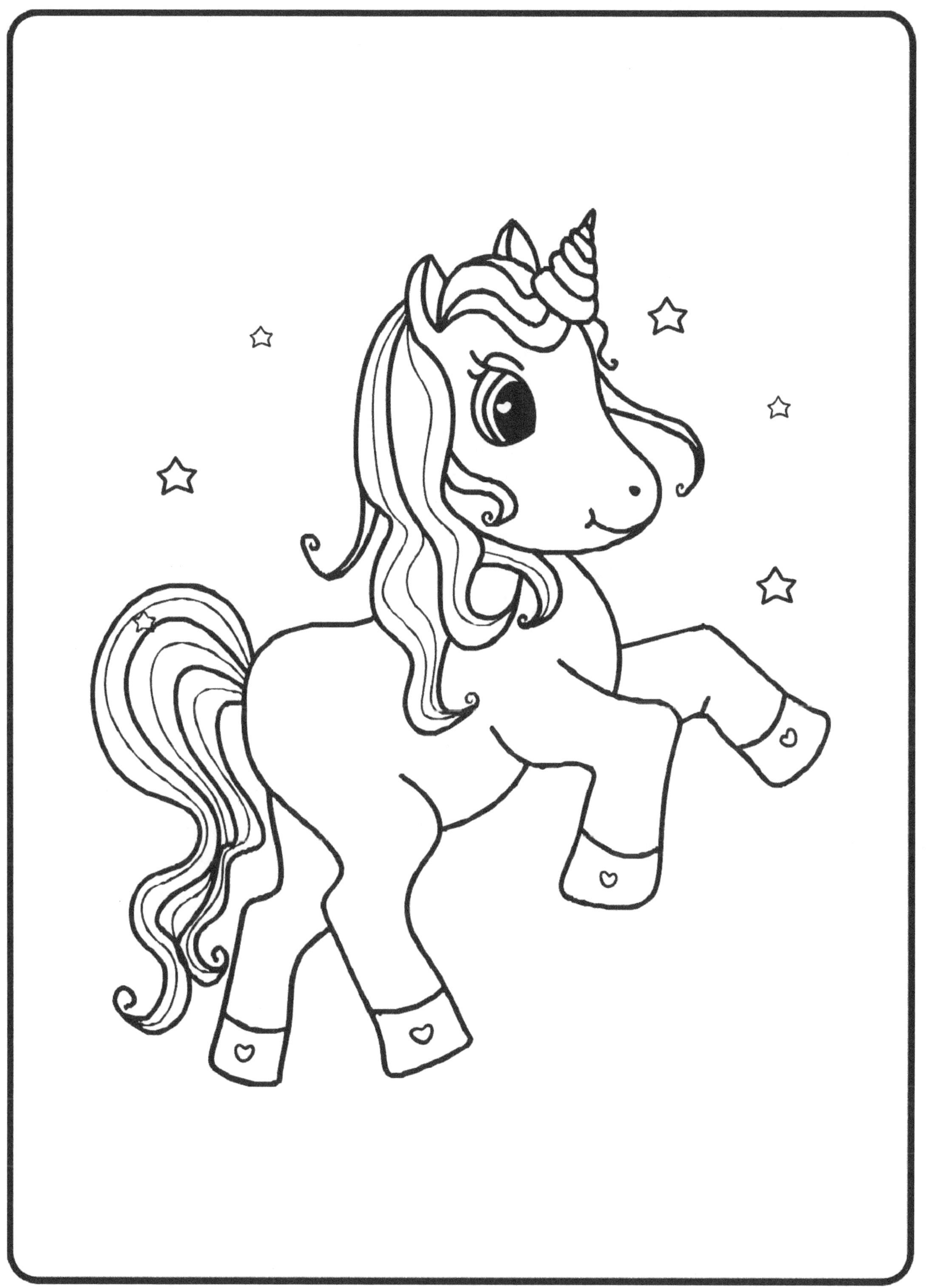

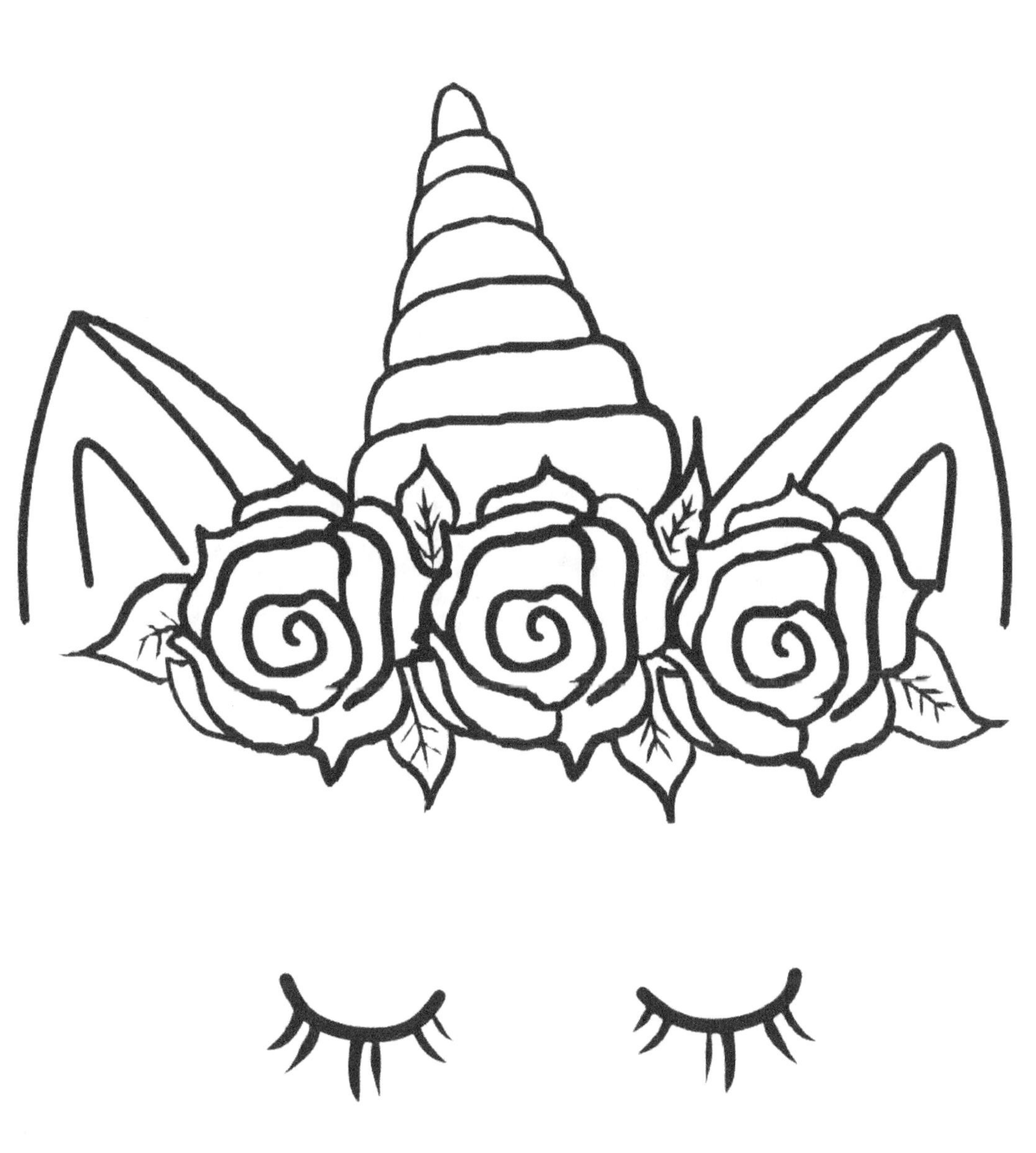

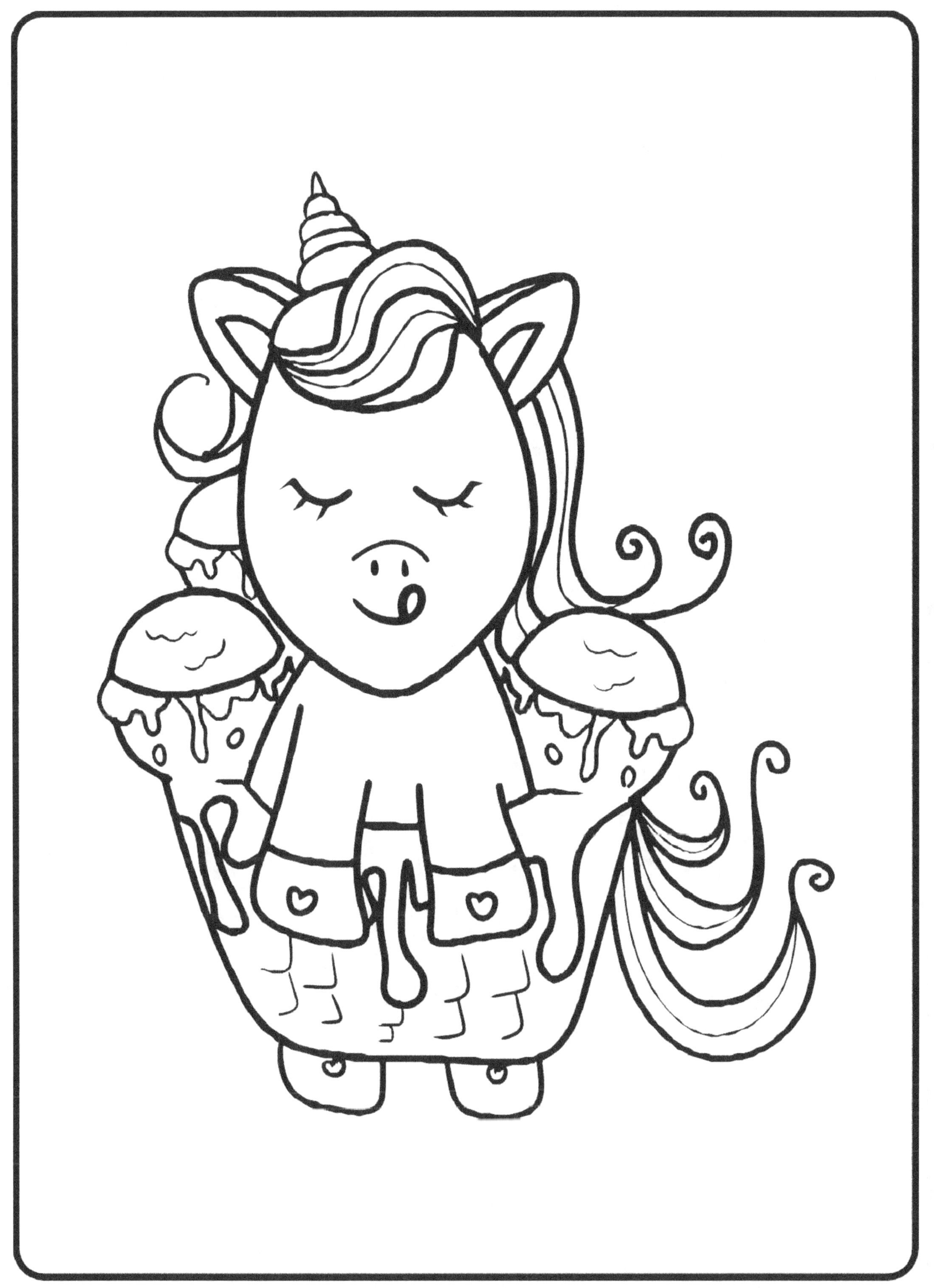

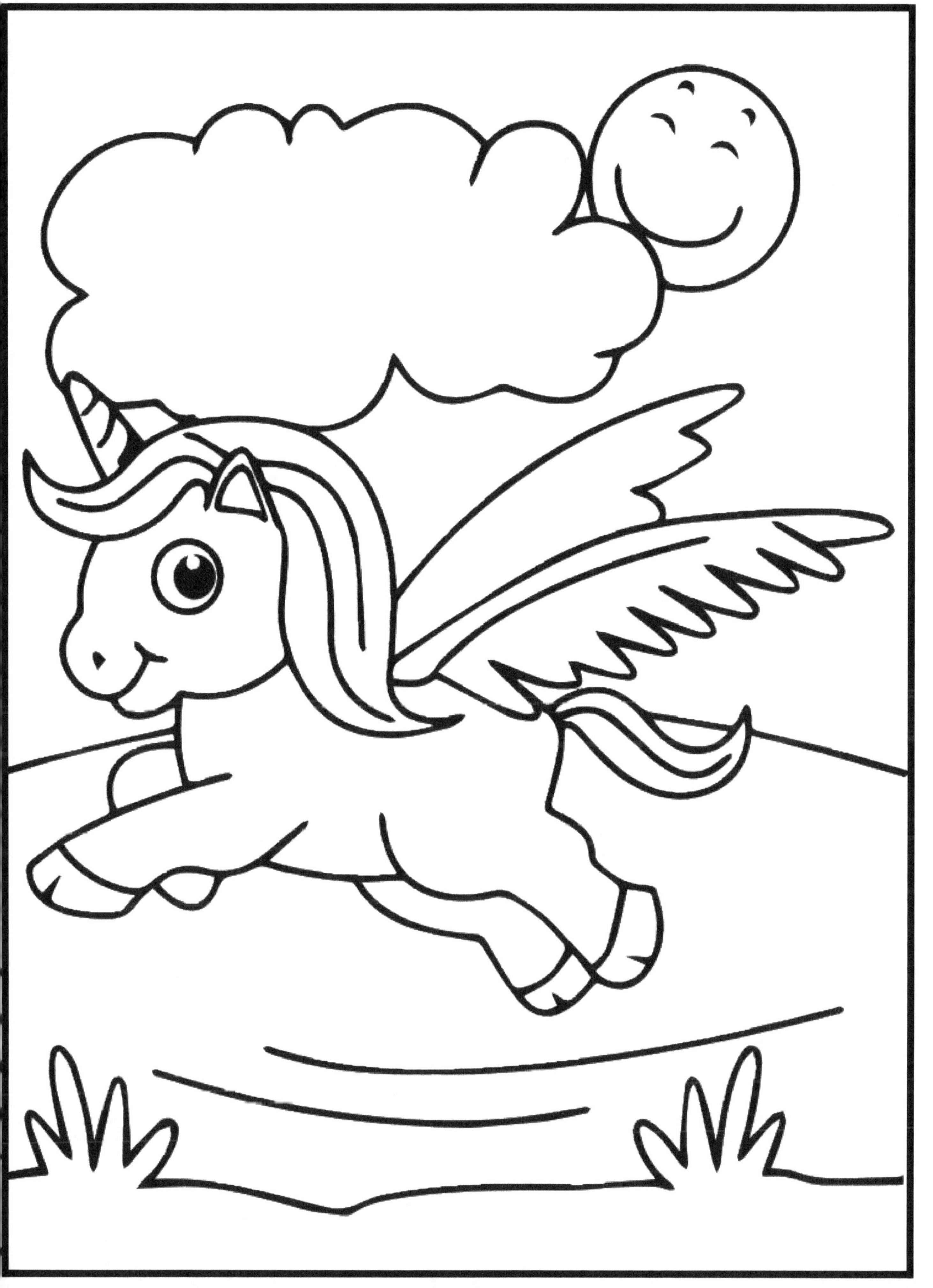

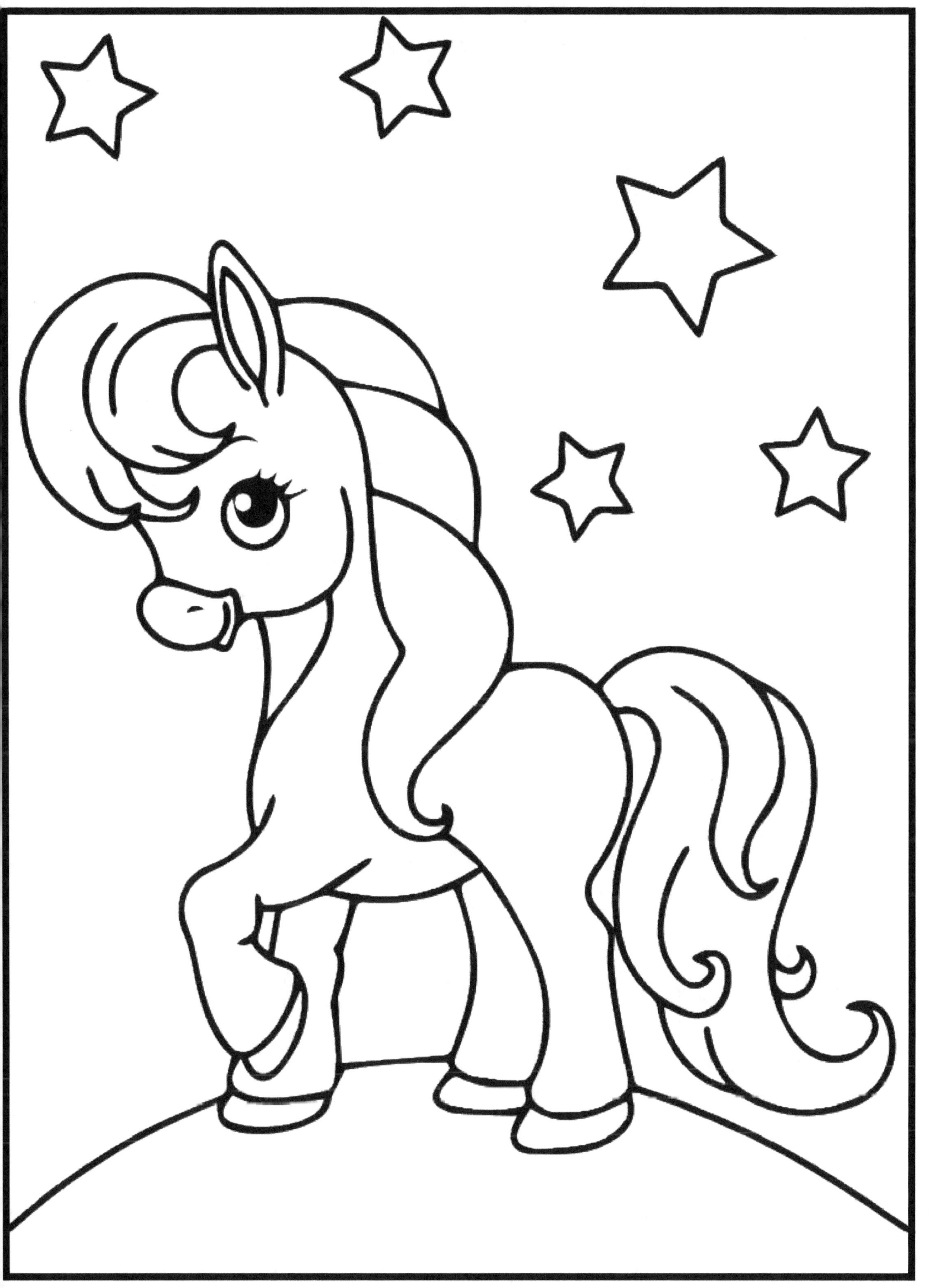

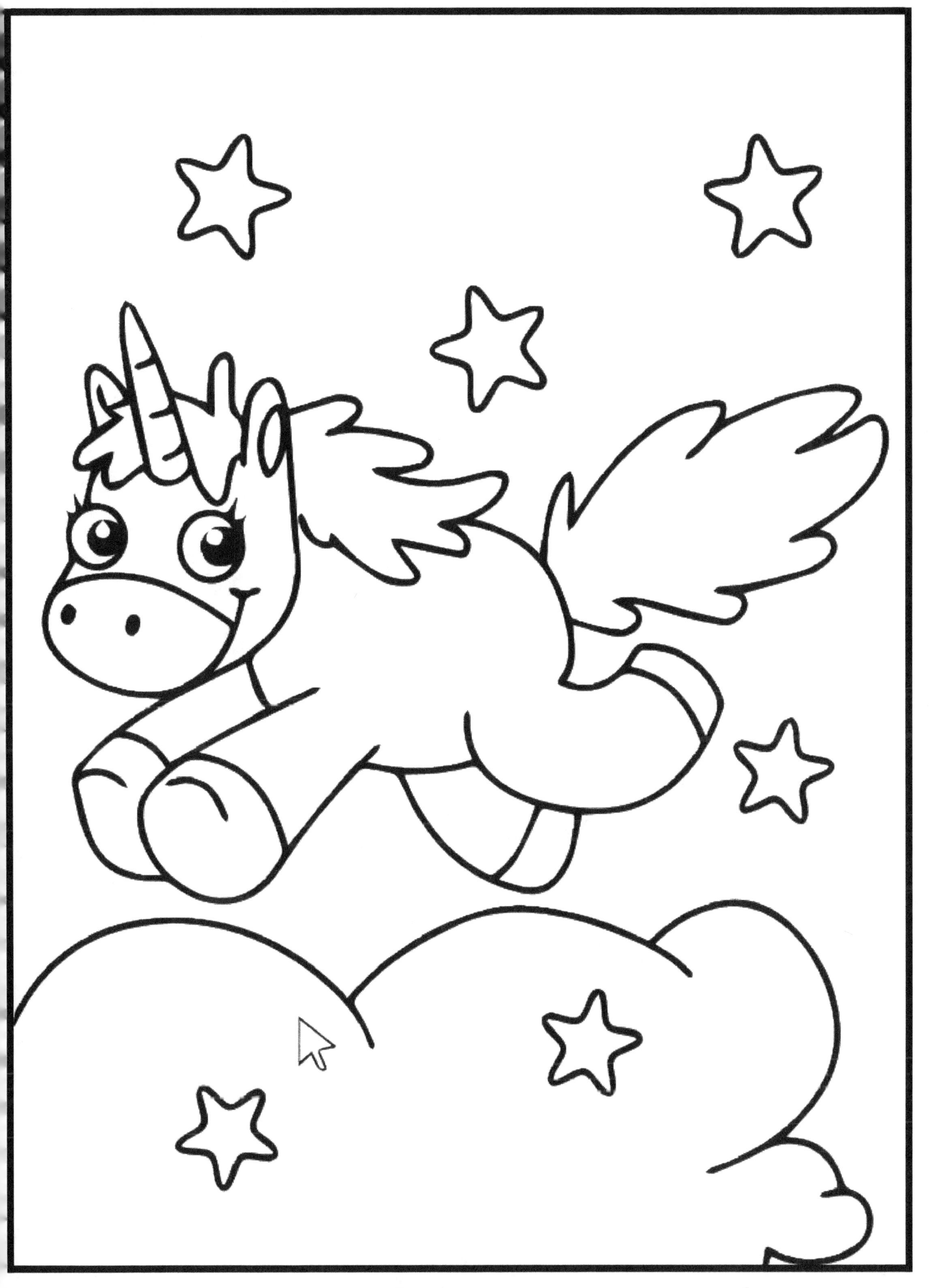

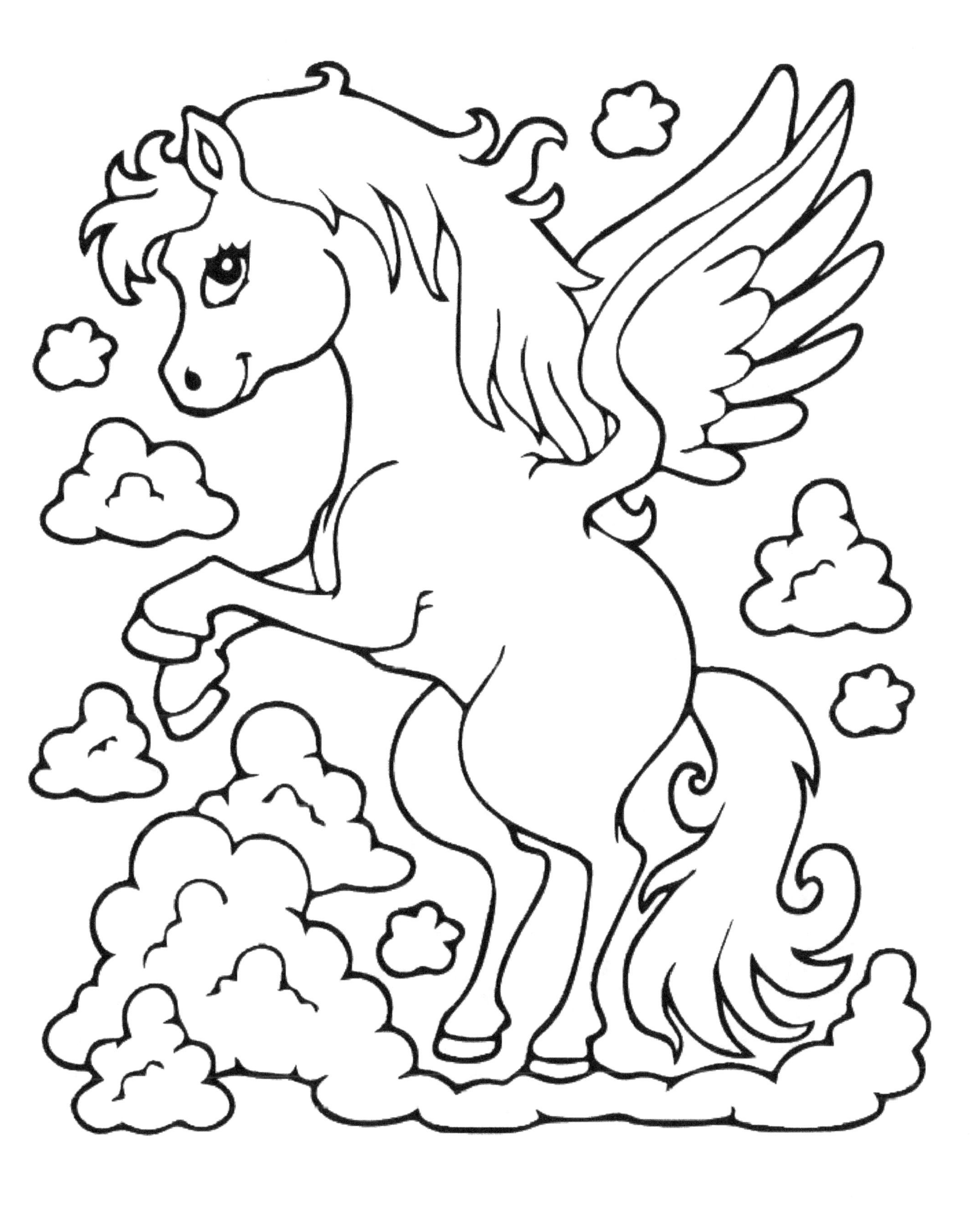

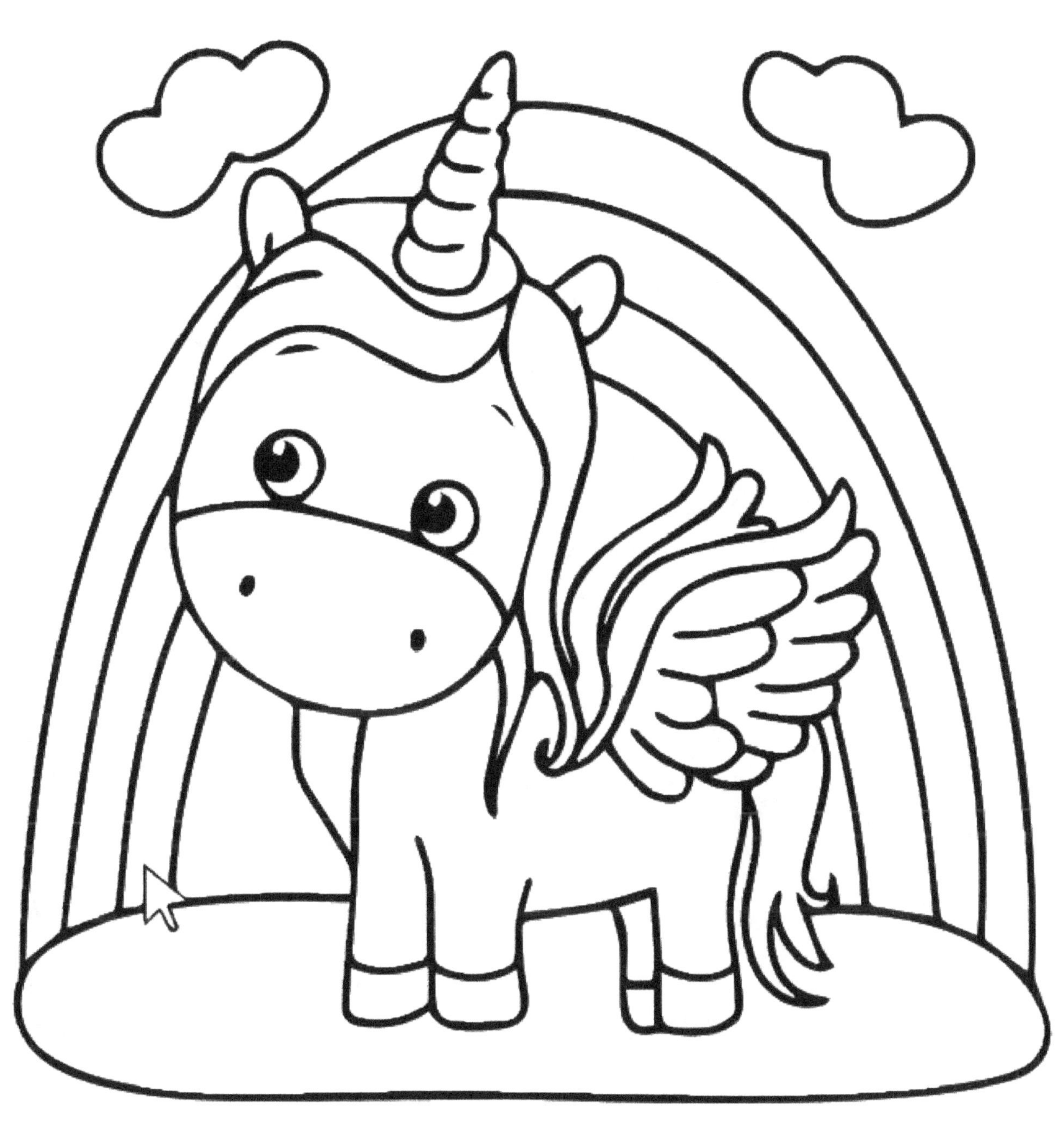

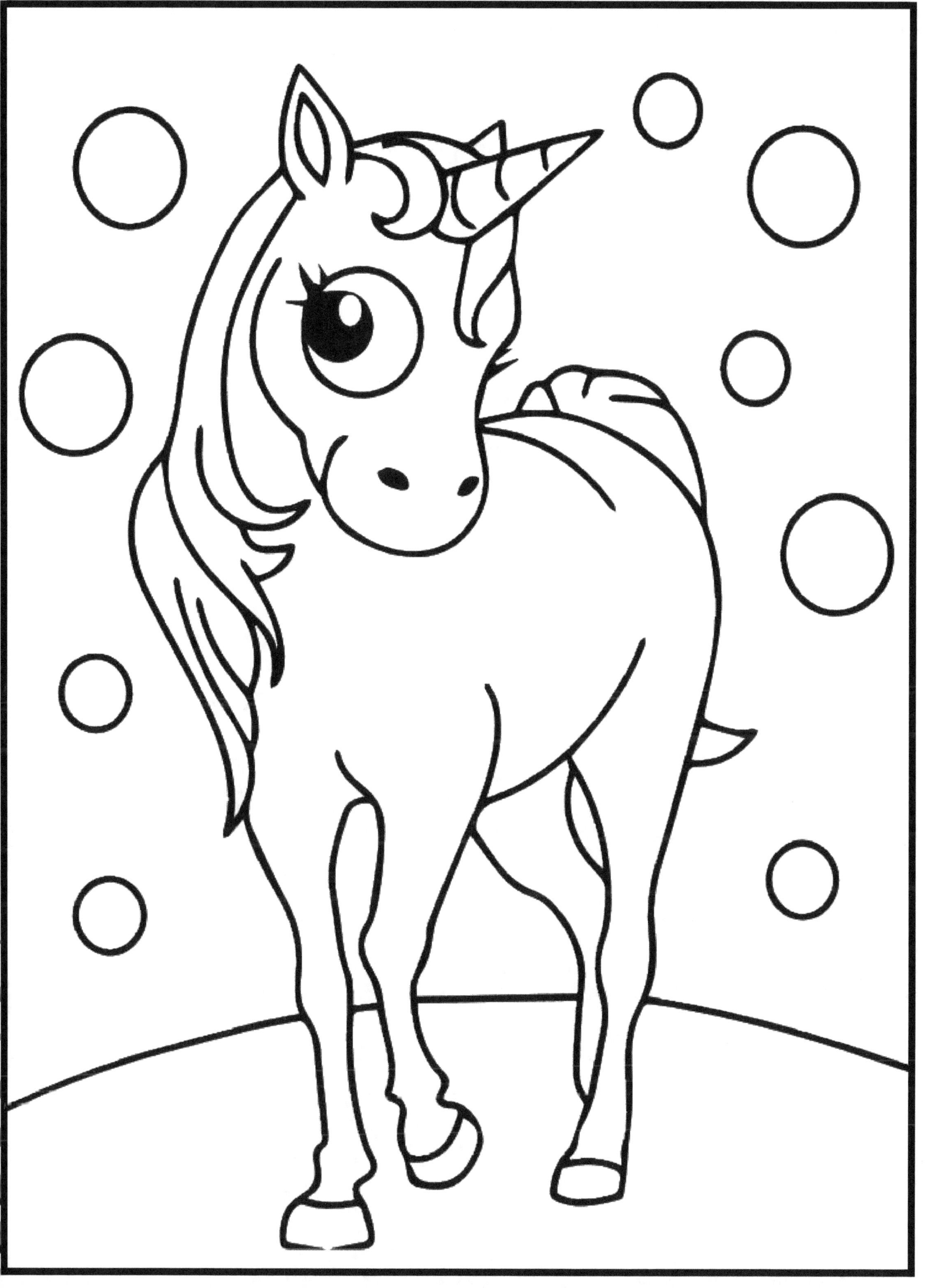

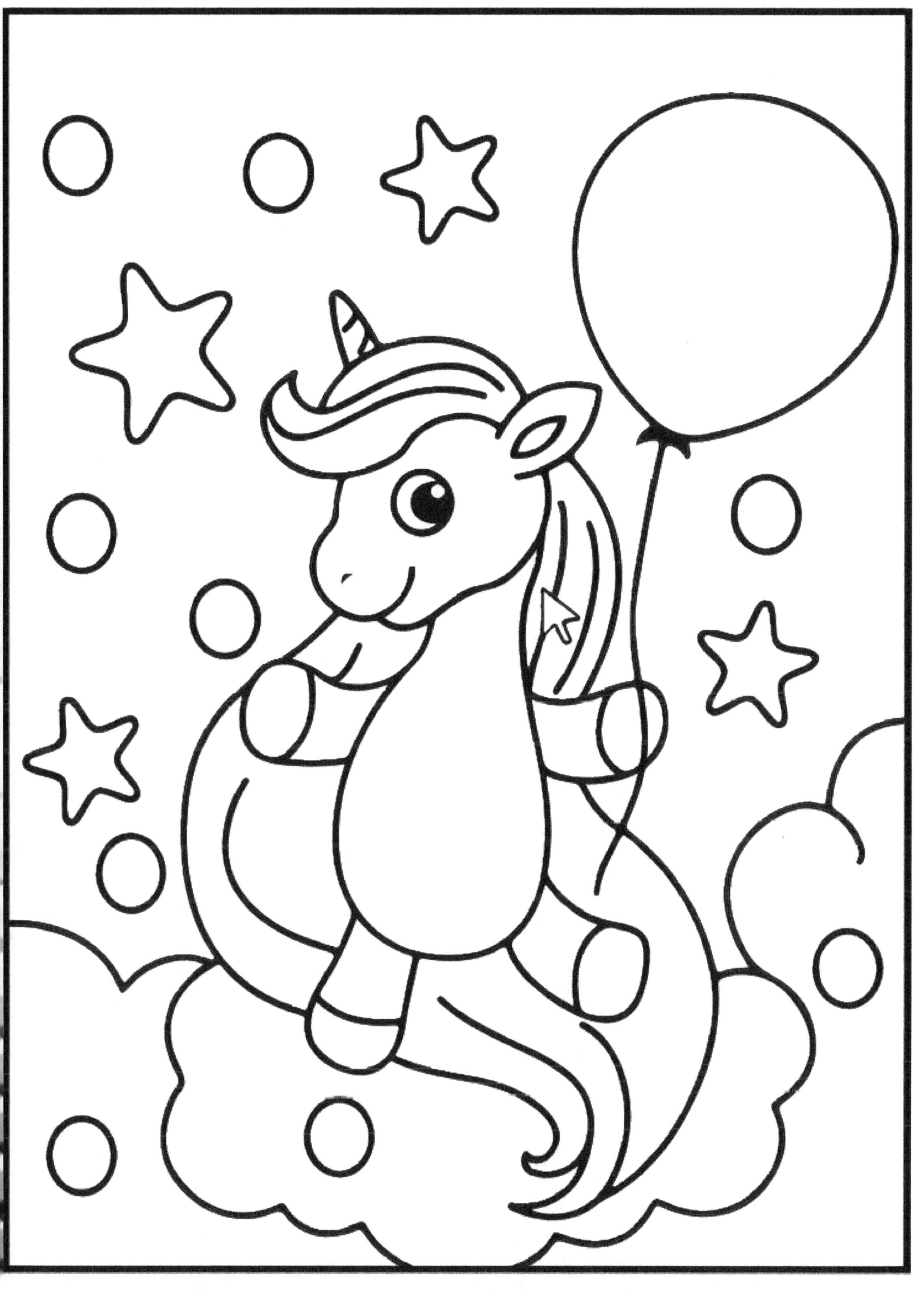

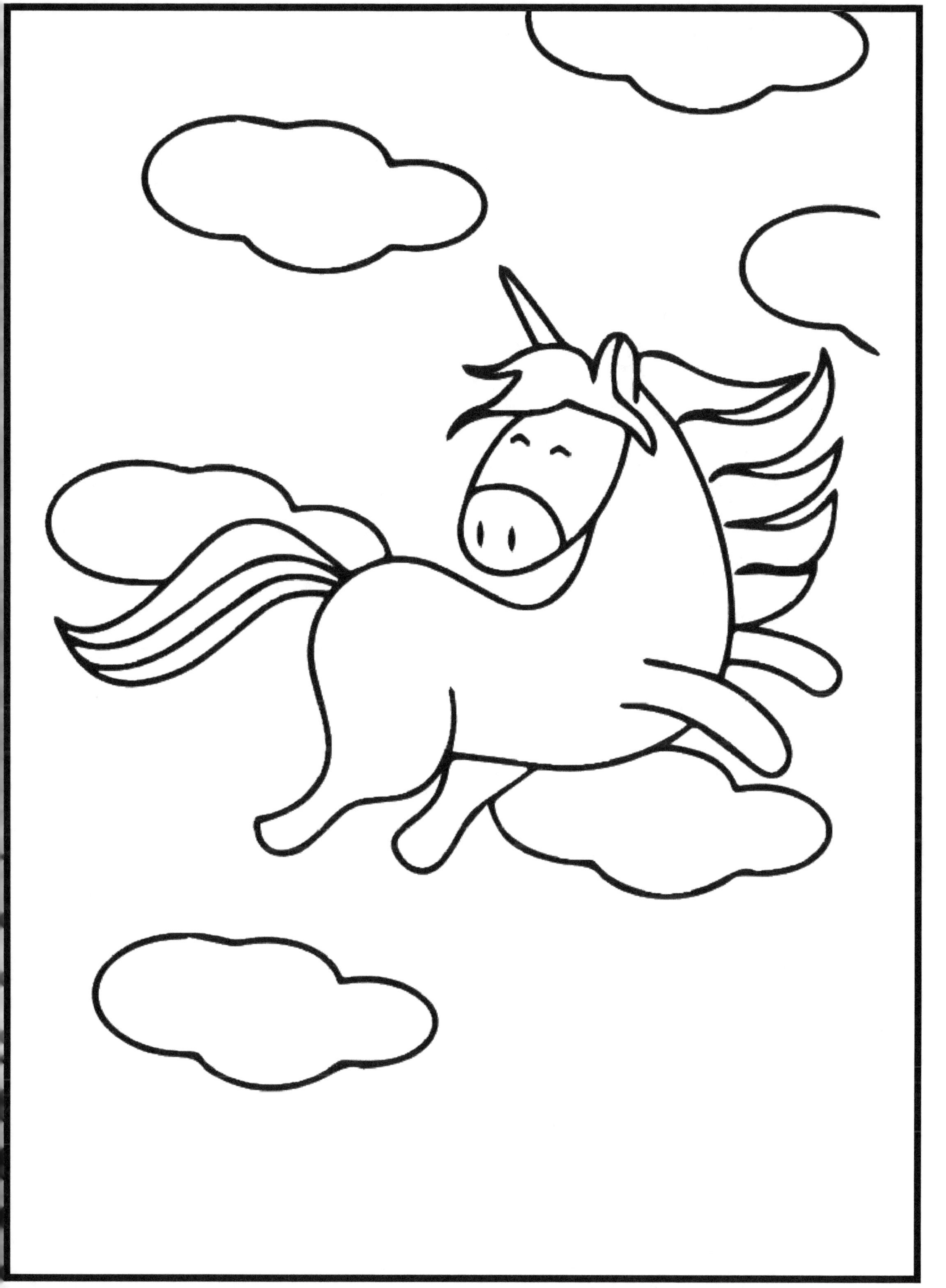

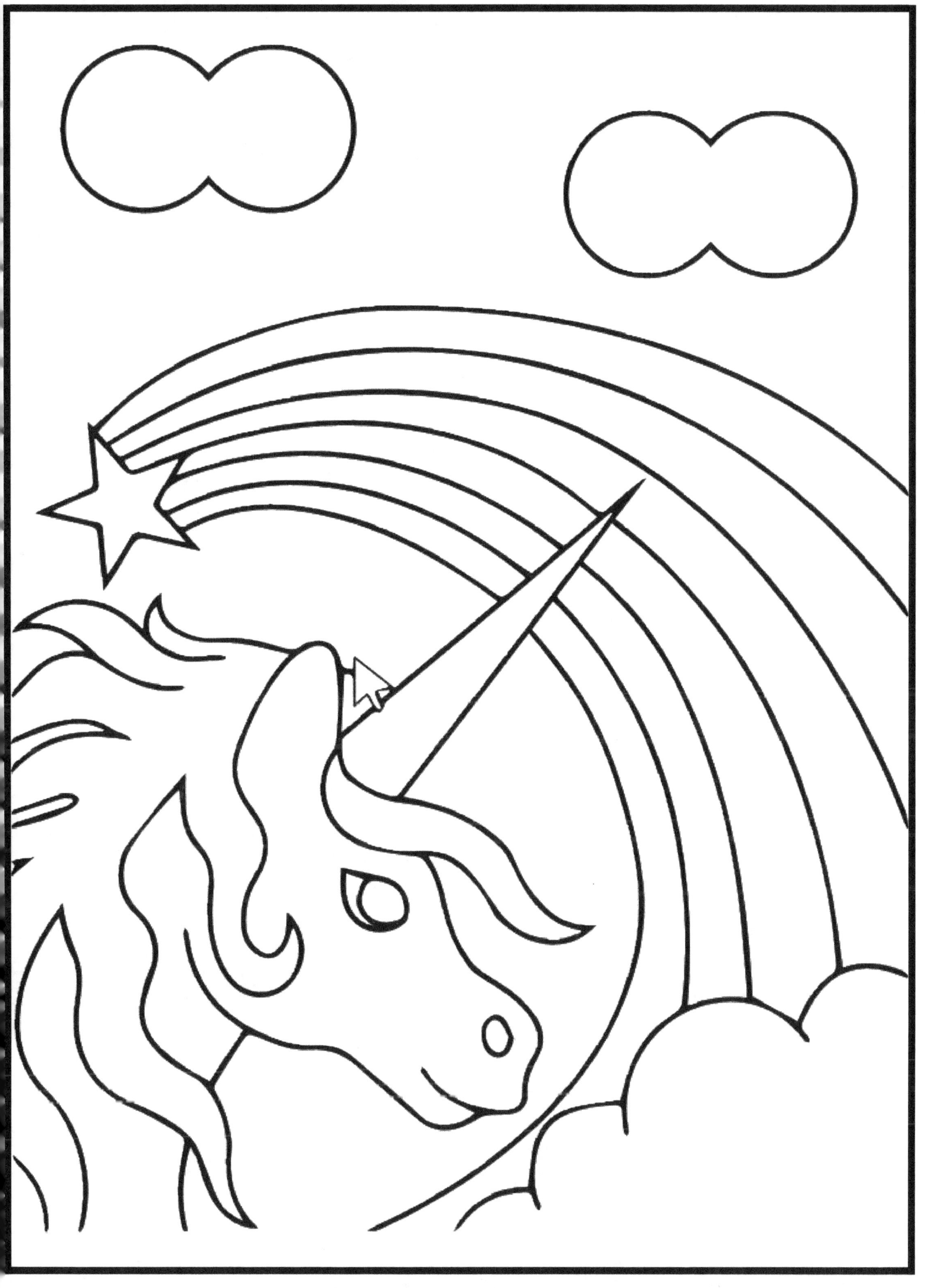

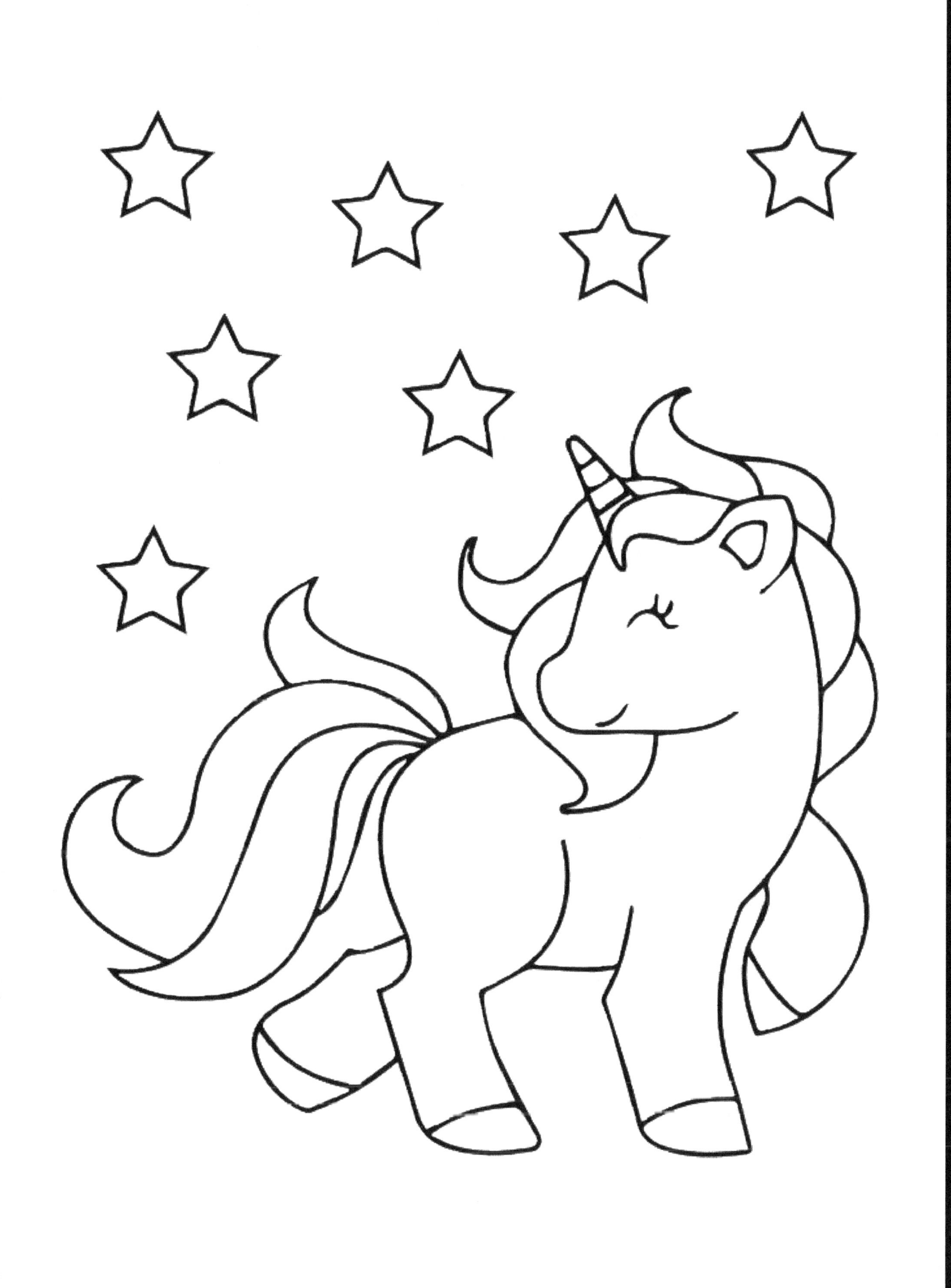

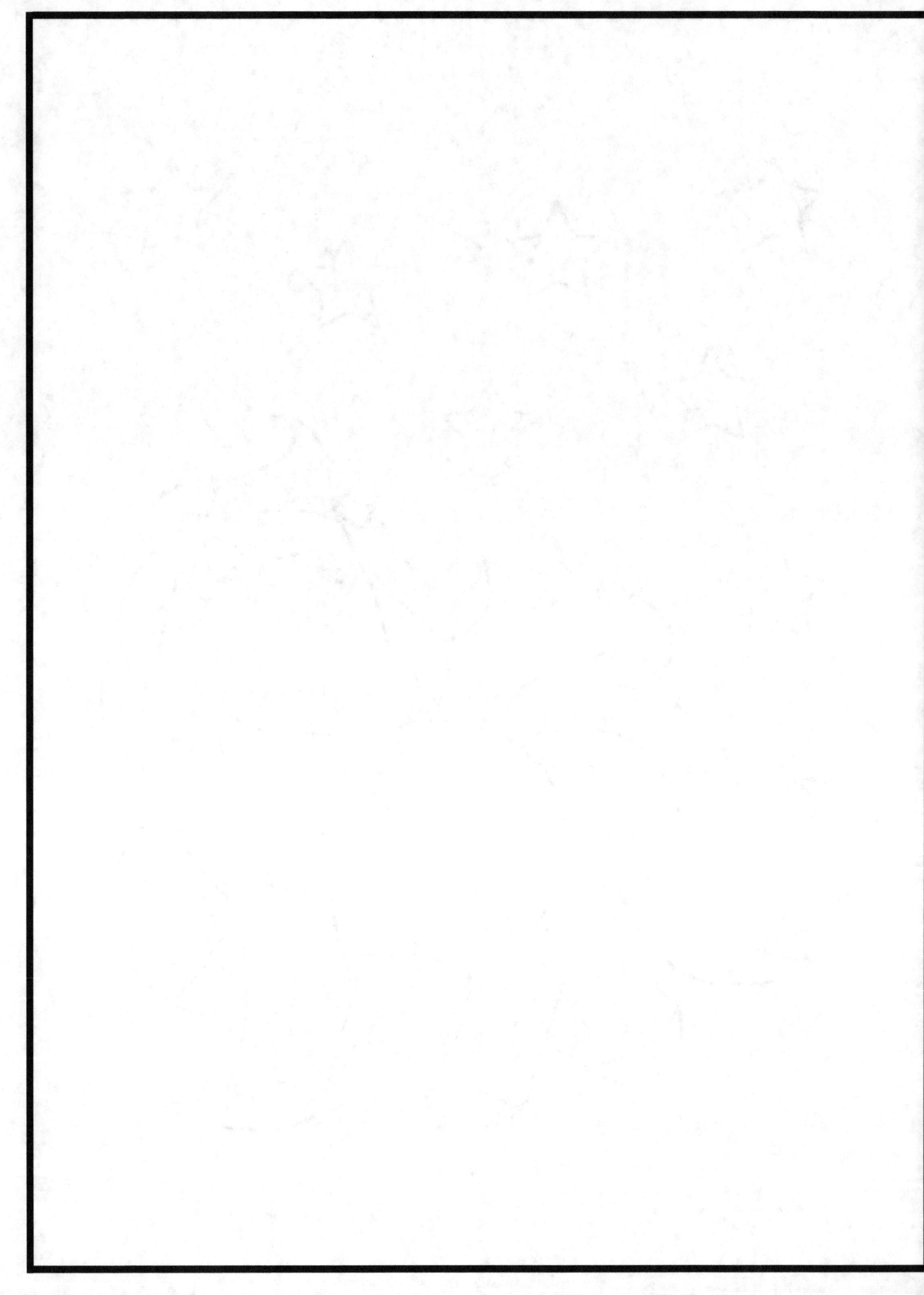

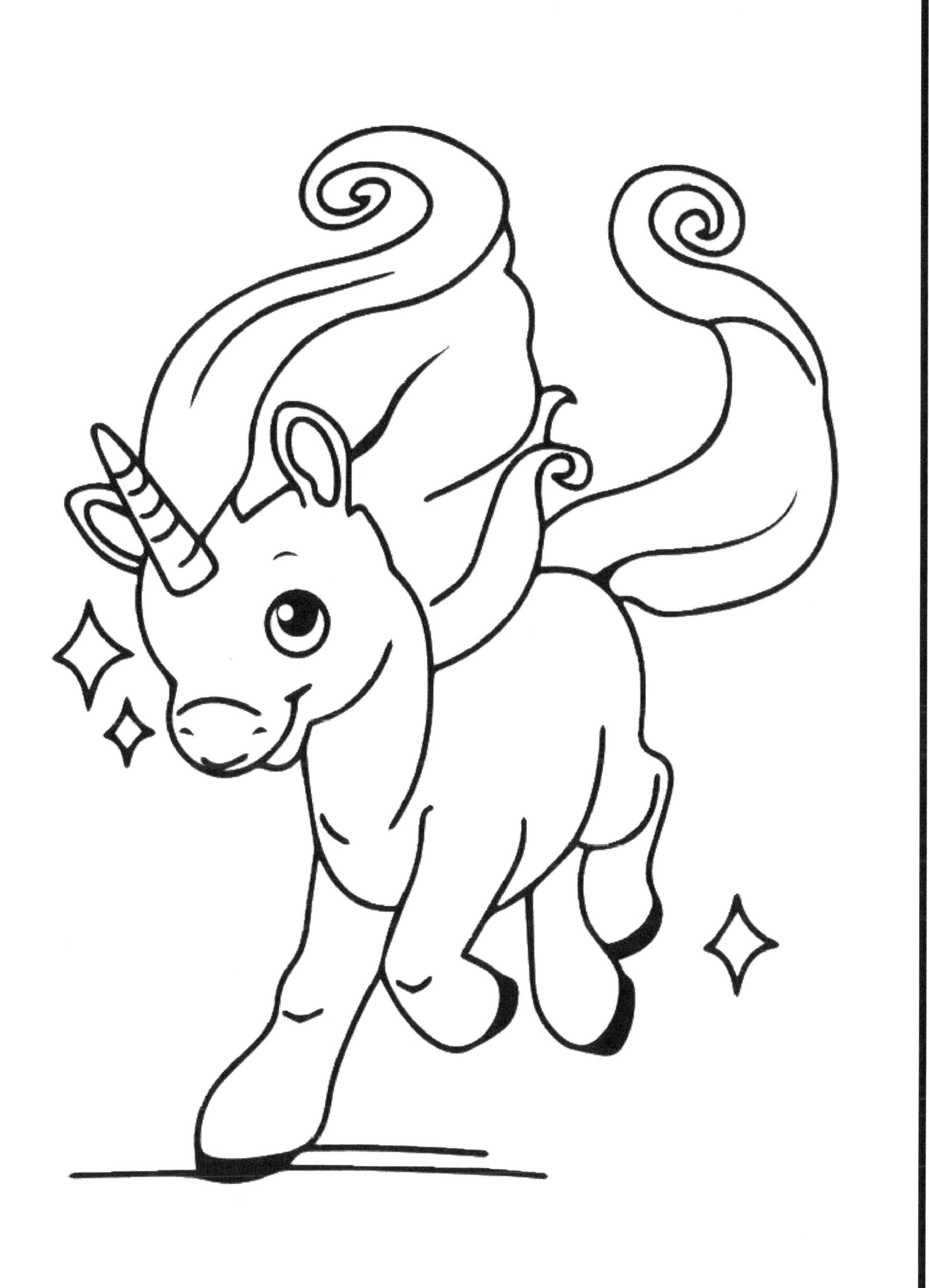

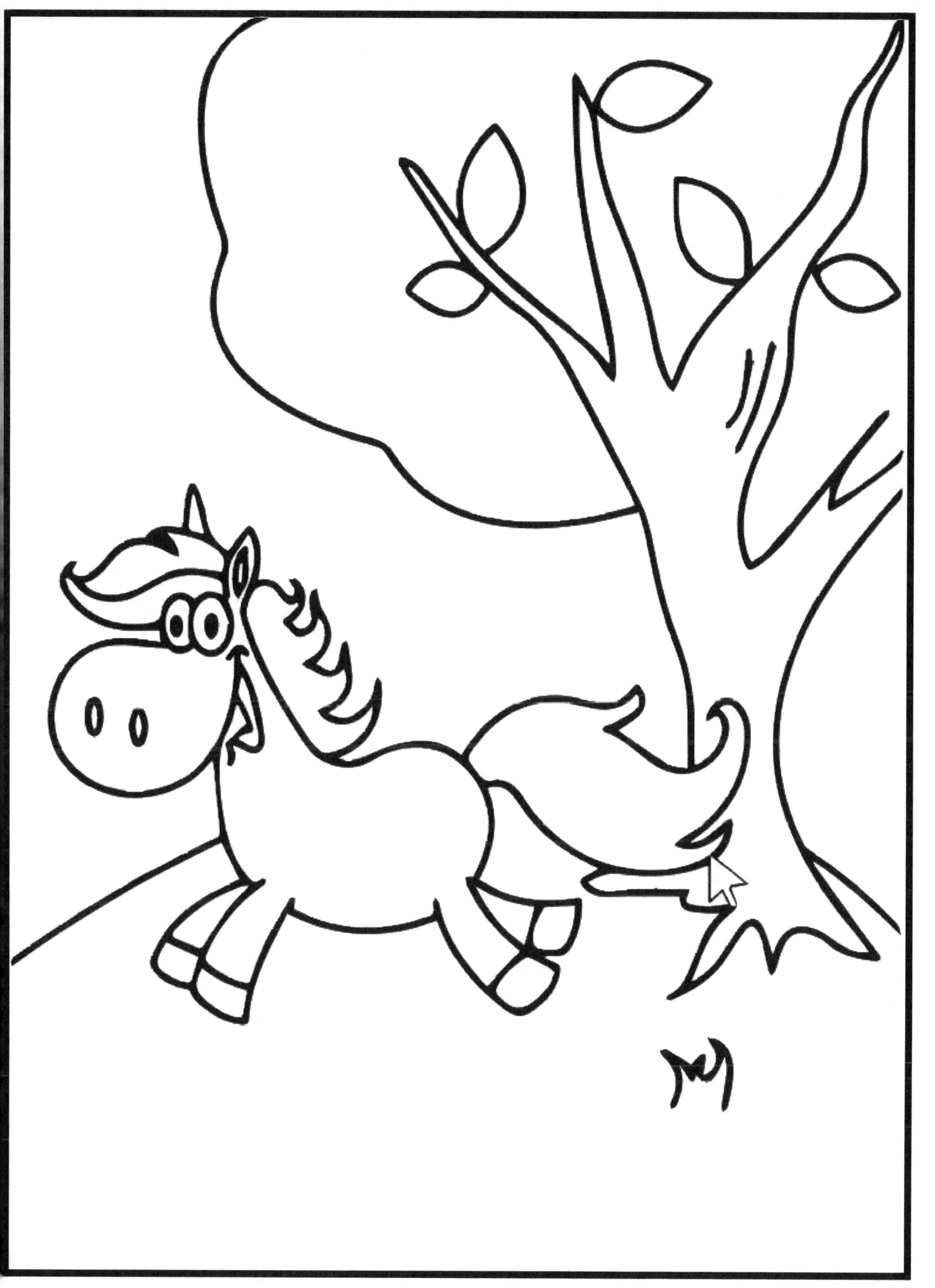

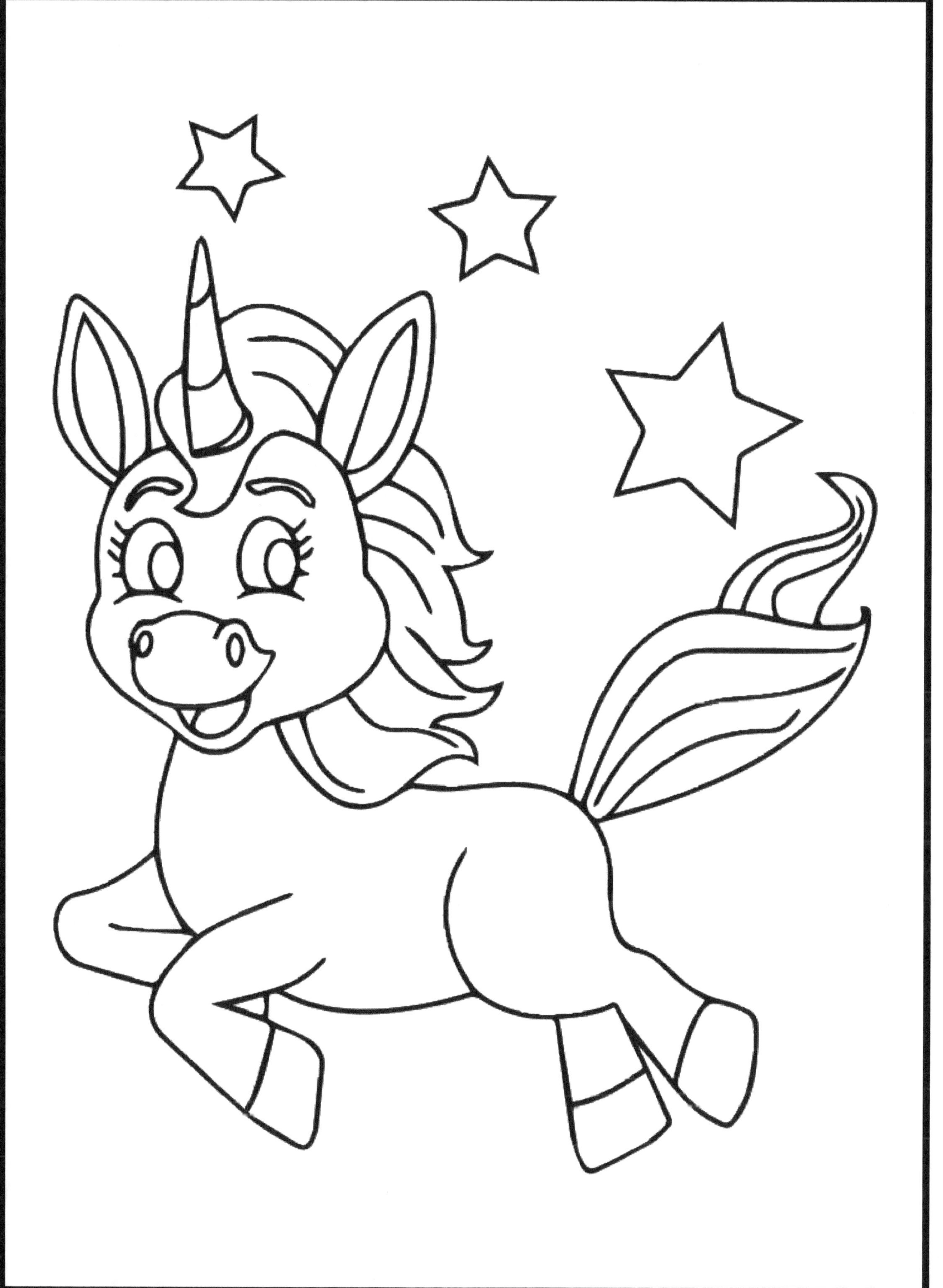

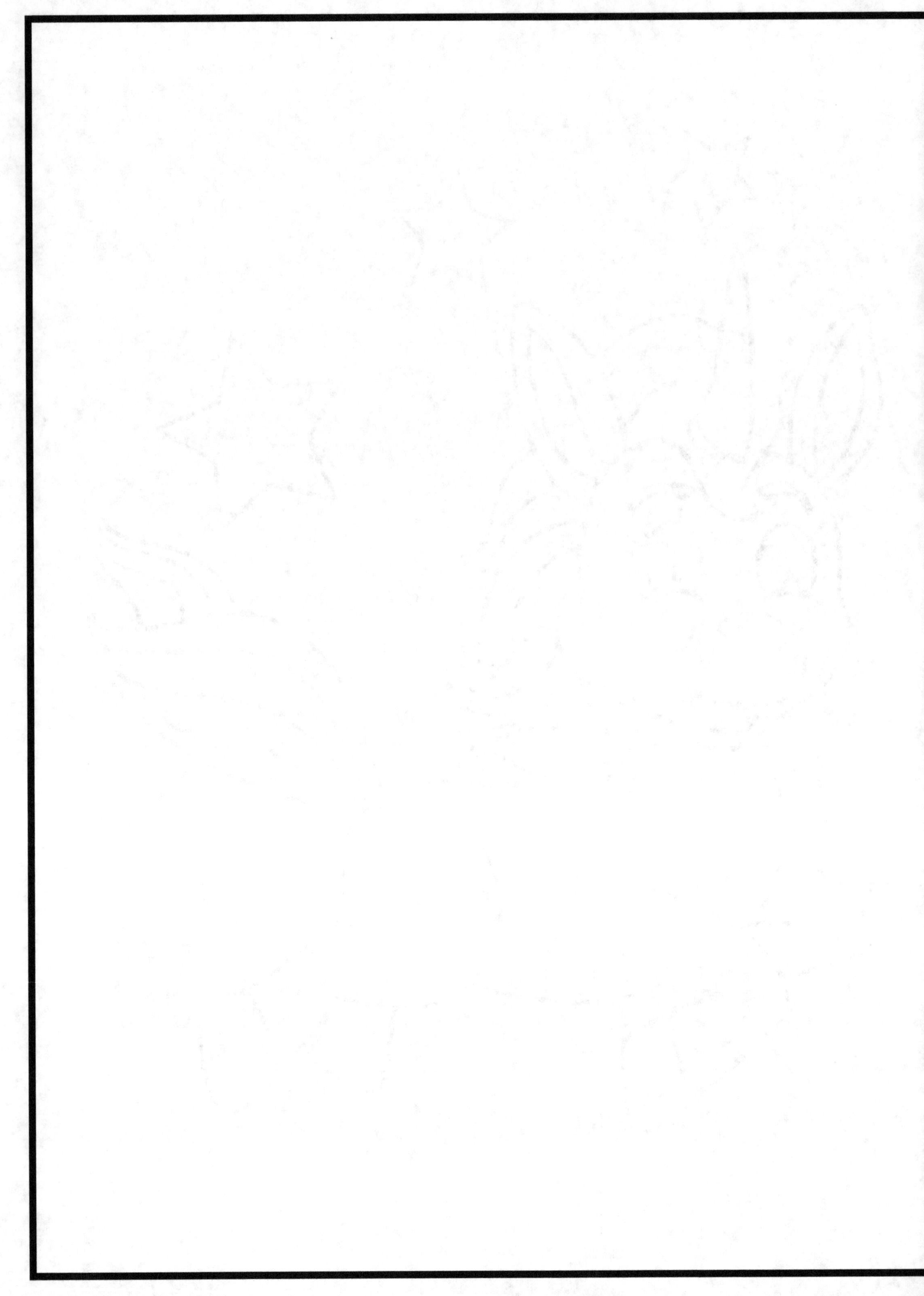

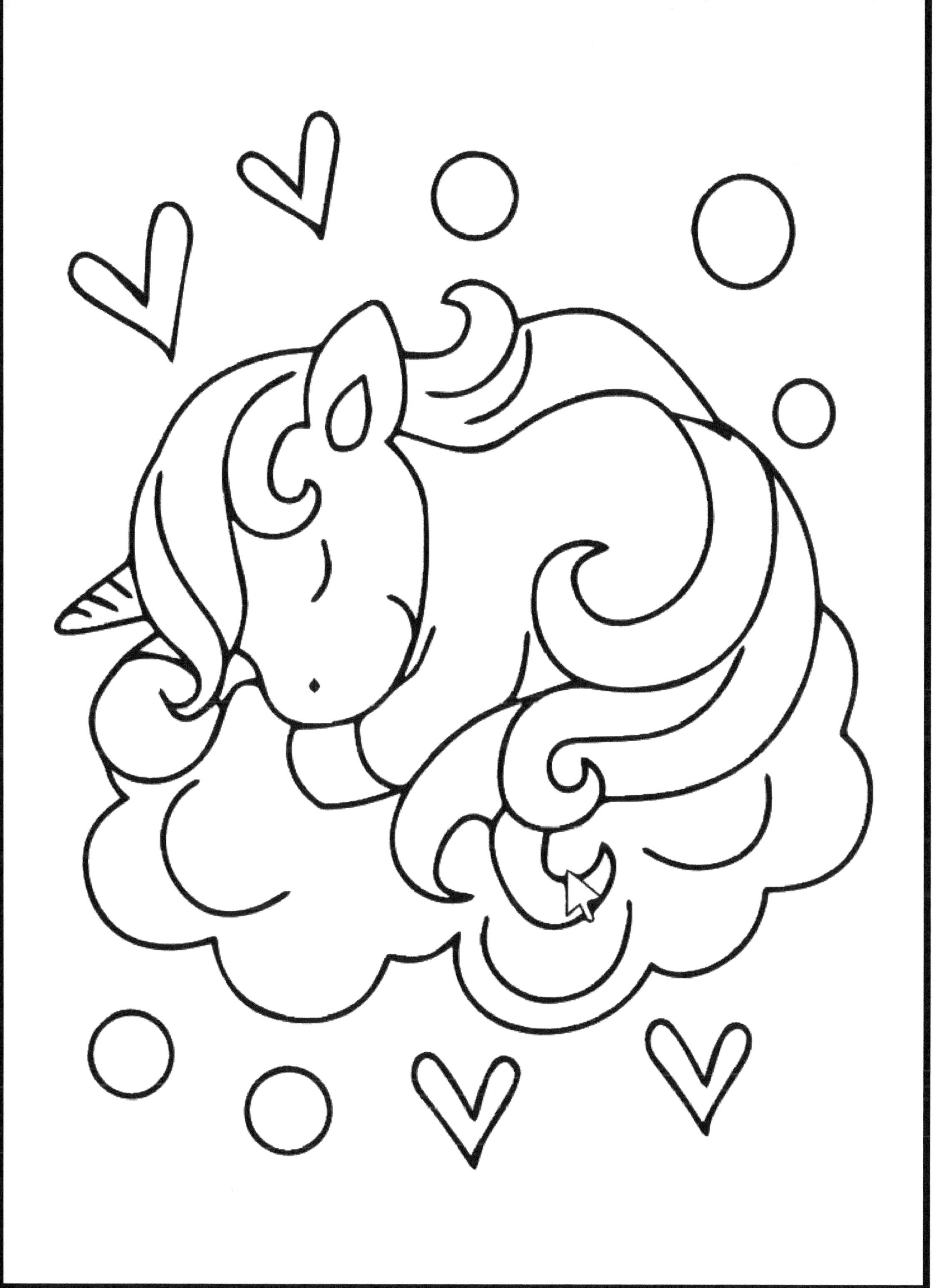

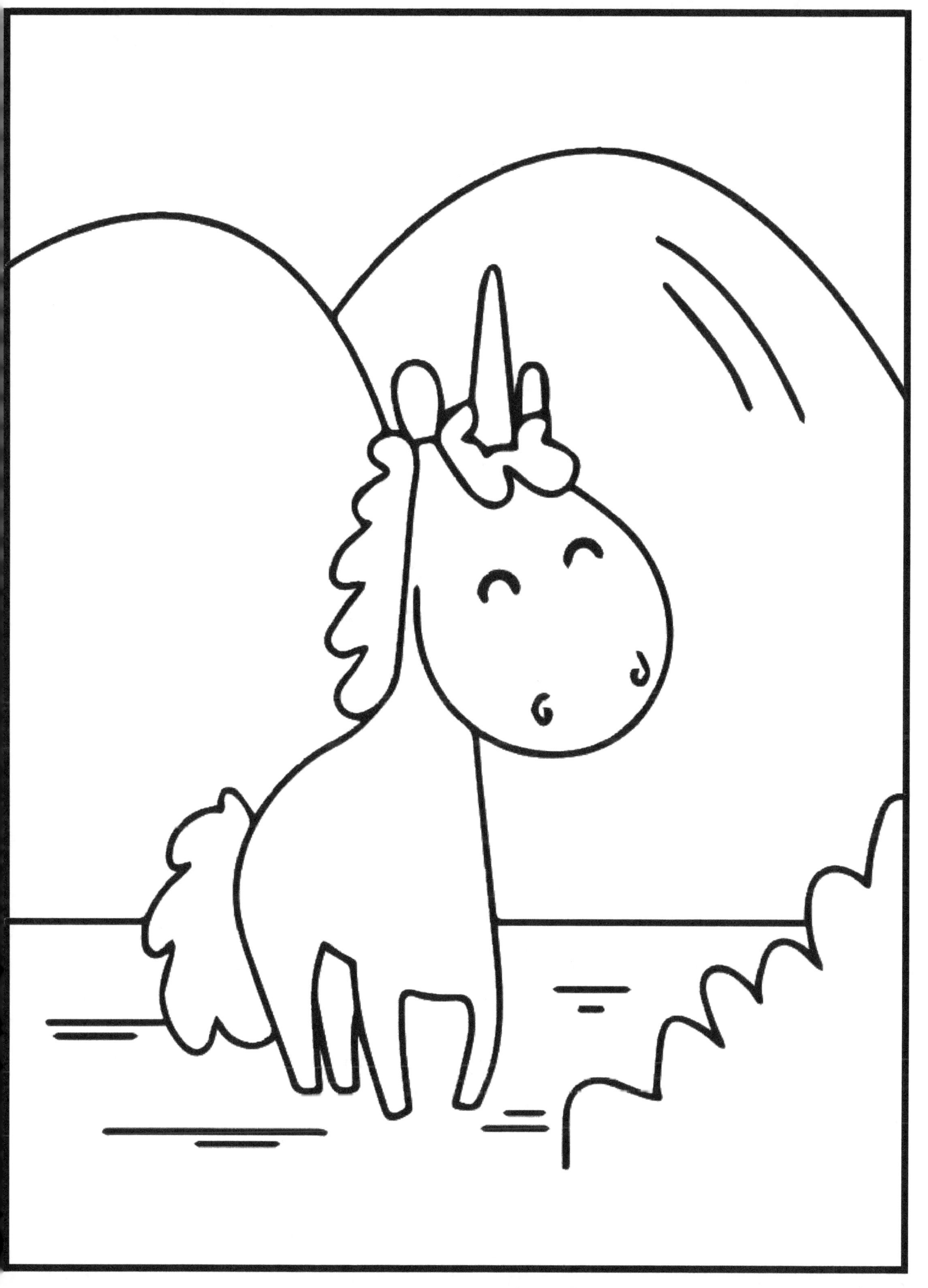

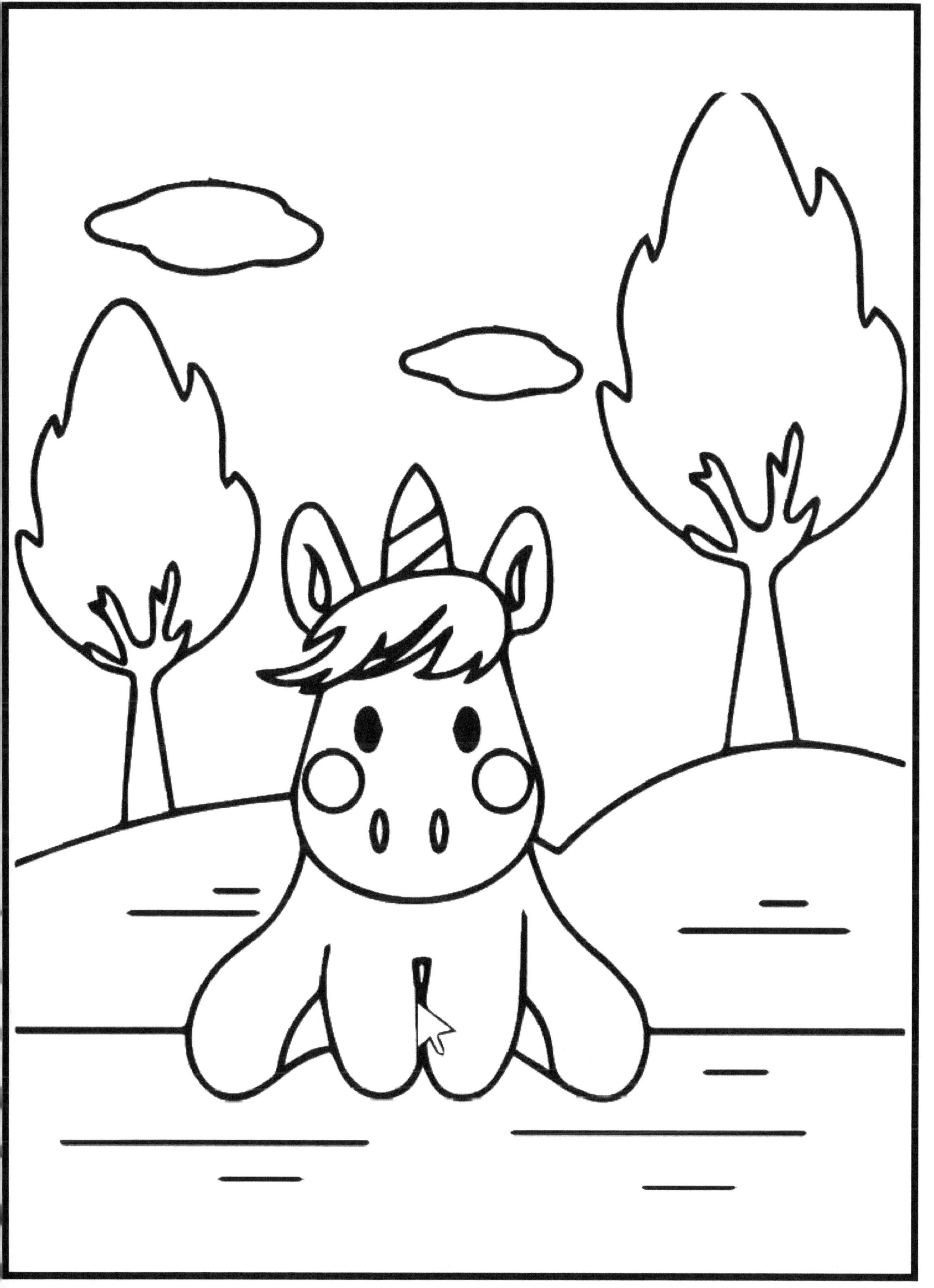

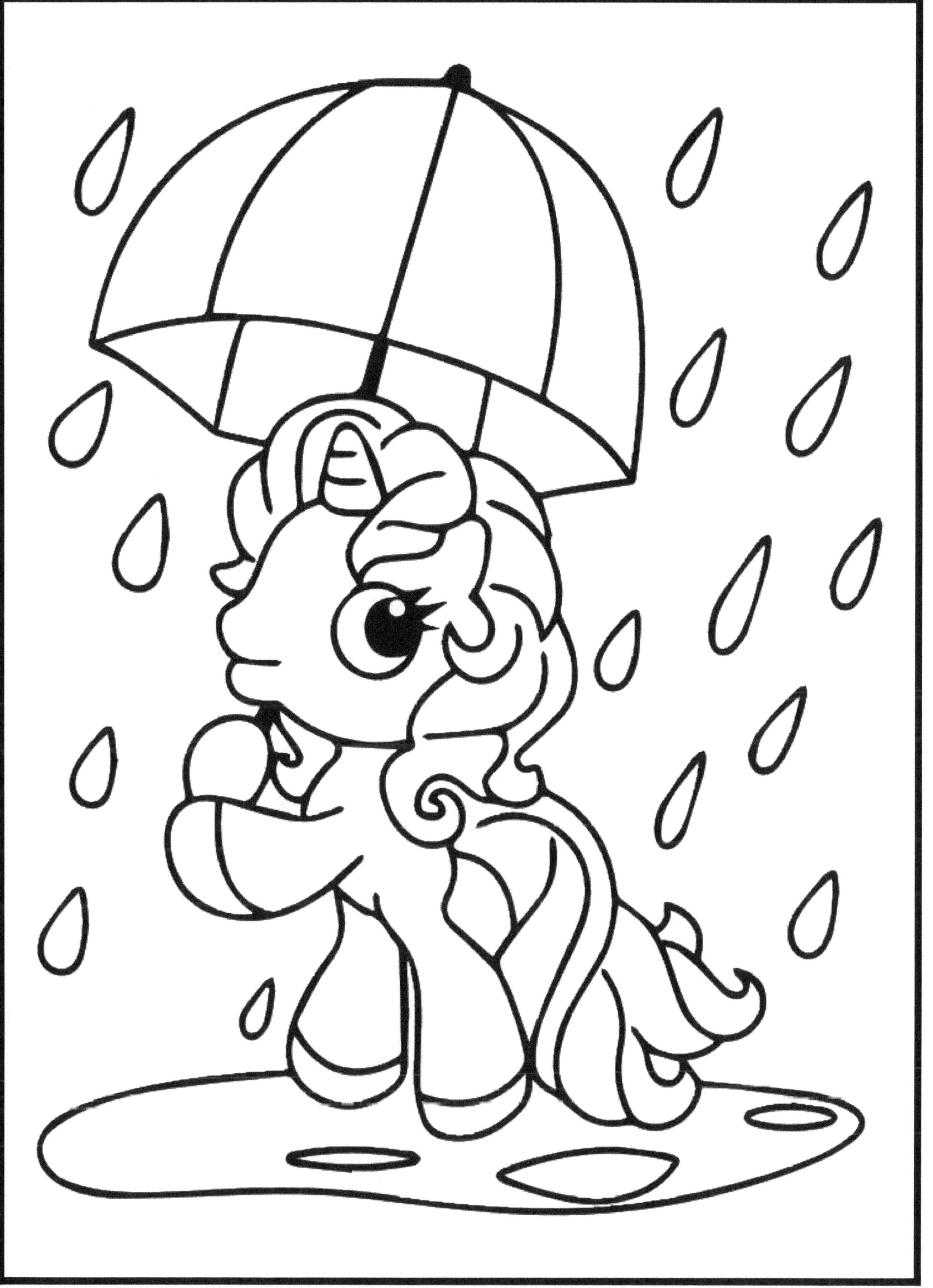

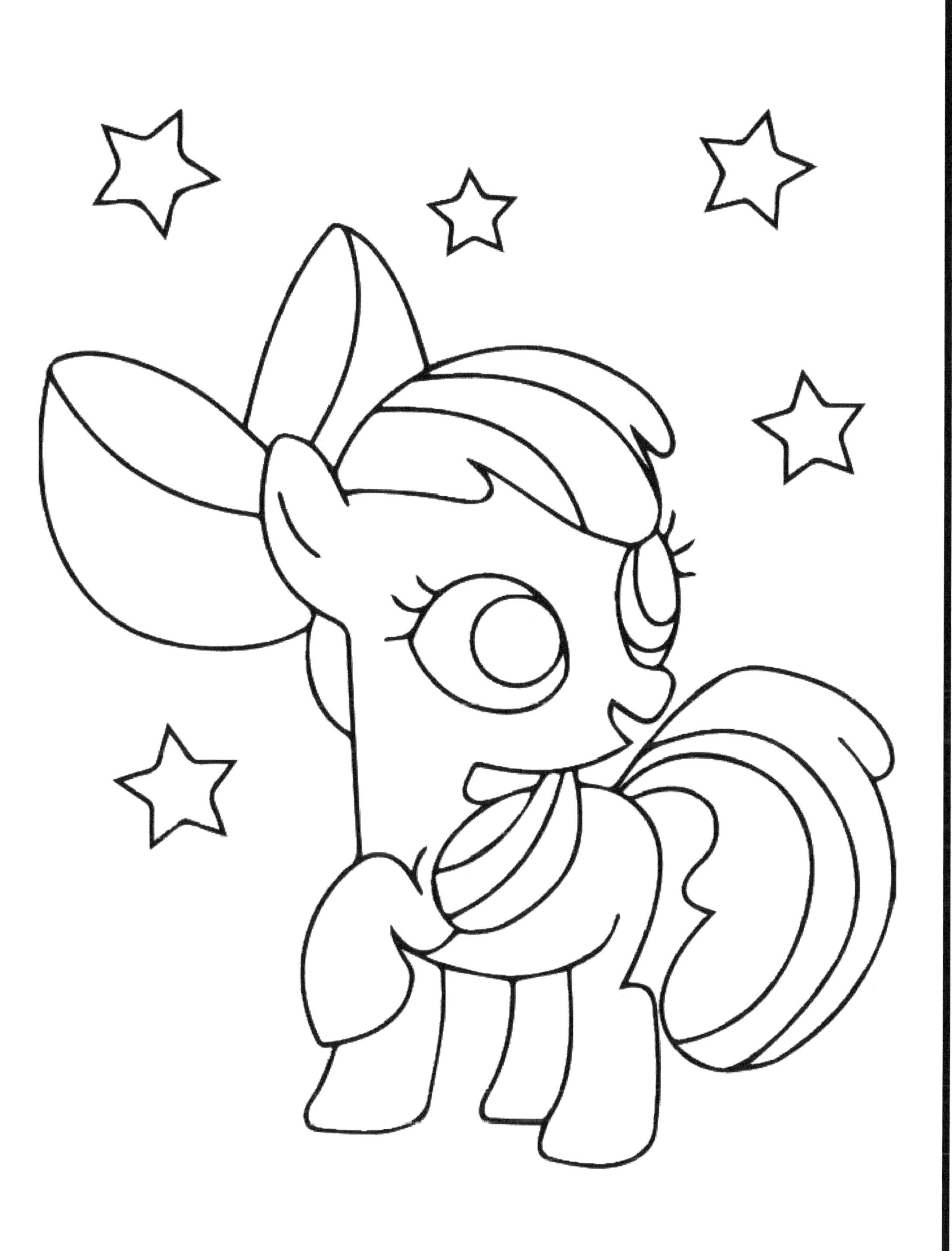

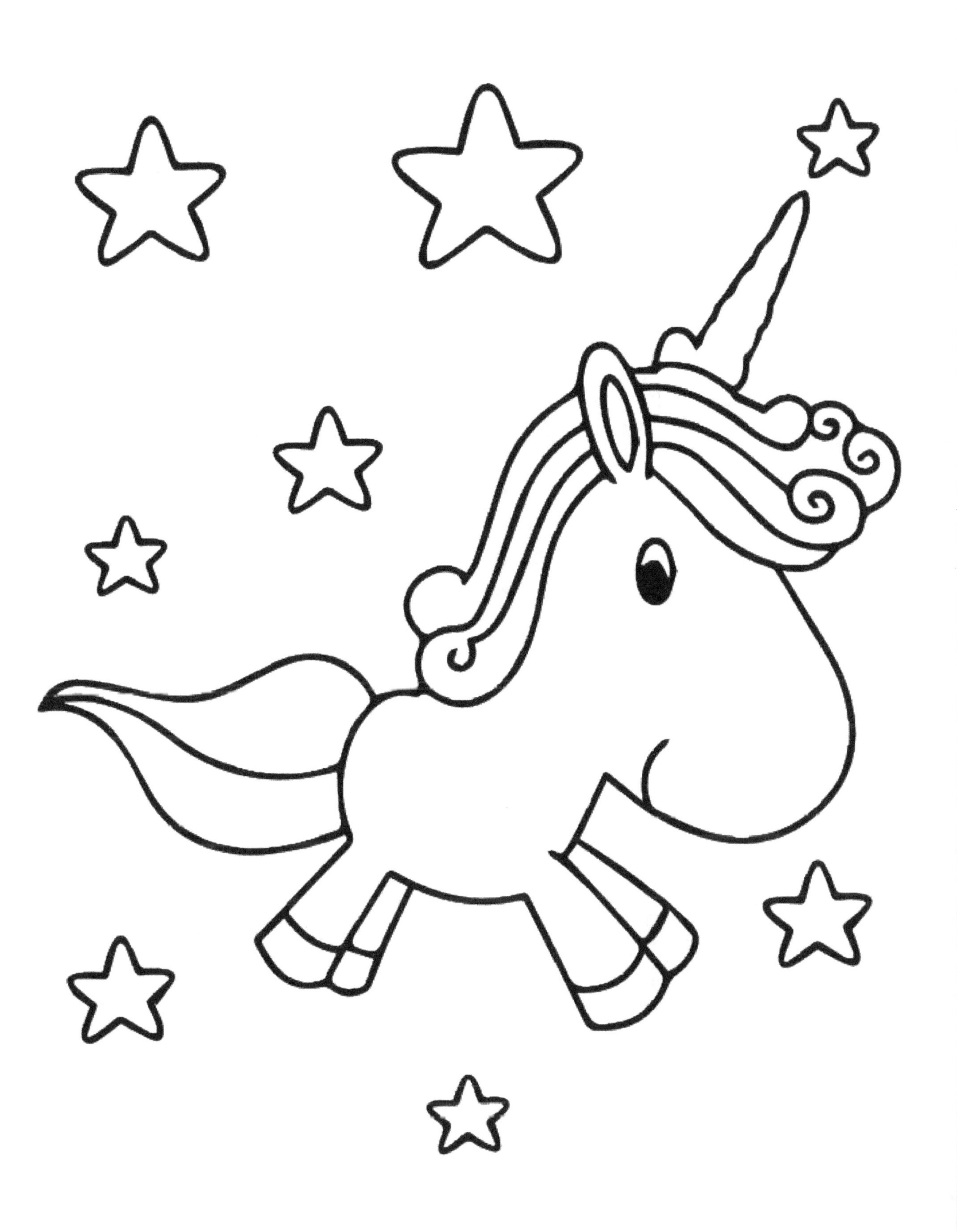

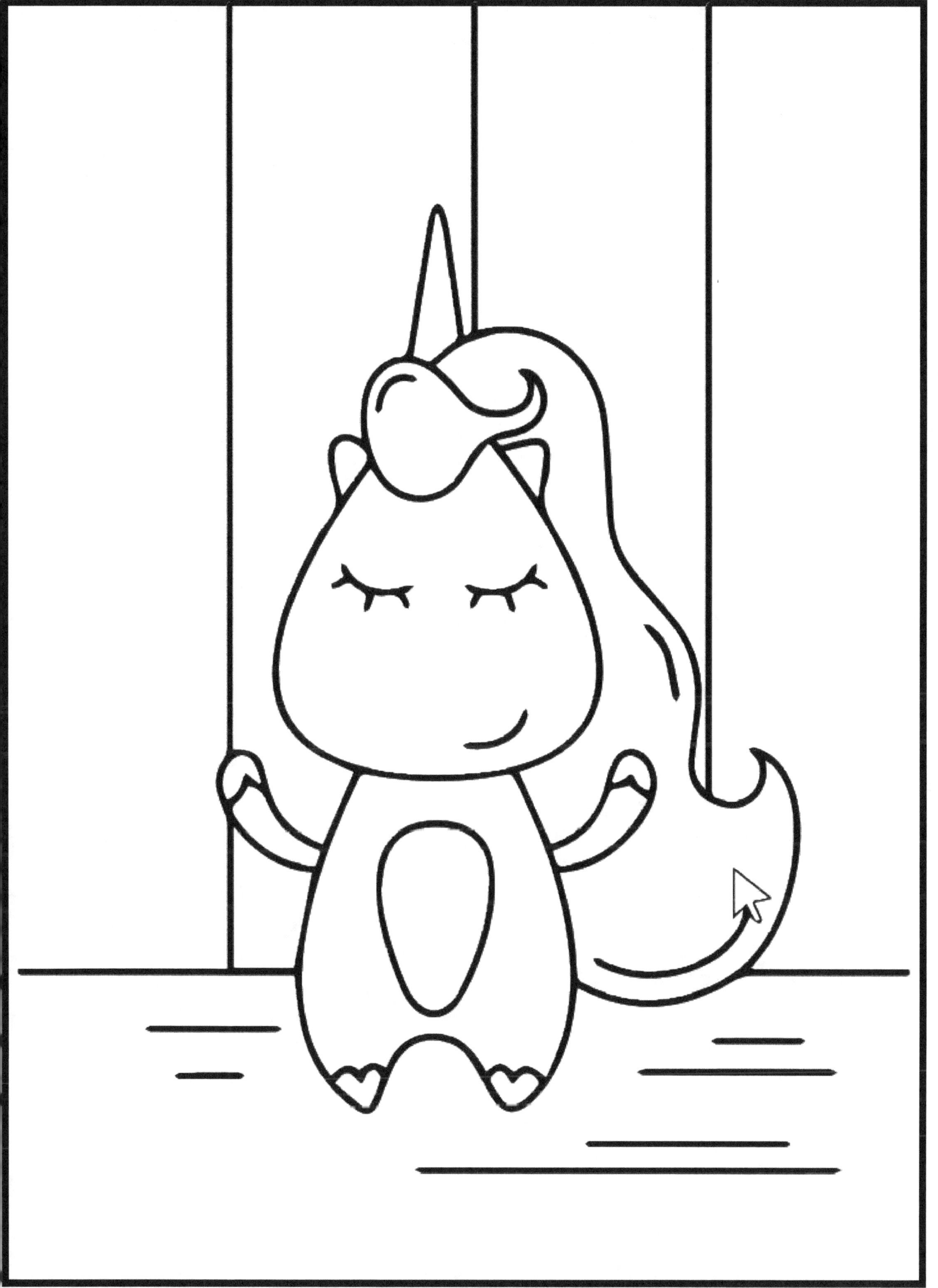